はじめに

日本では結婚式にゆくと、披露宴の会場入り口には、結婚する個人の名前ではなく、「○○家××家披露宴会場」と書いてある。このことに象徴されるように、日本の結婚は家と家とのつながりのことであって、西欧のように個人と個人の間の契約とは考えられていない。

さらに日本では、親が子どもの結婚に干渉したり反対したりするということがしばしばおきる。たとえ子どもが二〇歳をこえていても、〈親―子〉の関係が一種の「支配―服従」の上下関係として考えられている。これも、〈親―子〉の関係が、基本的には個人と個人との関係としてとらえられる西欧社会とは決定的に異なる。

「家族の解体」ということが語られて久しい。というより歴史的に日本の家族には、ずっと「解体」という言説がつきまとってきた。しかし、そもそも日本の家族は「世間」の侵食によってつねに「解体」の圧力に晒されていて、西欧から輸入された家族＝近代家族など、歴史的に成立したためしがなかったのではないか。

近代家族の本質は、〈夫―妻〉の間にある「愛情原理」を中心とした〈対幻想〉にあるが、日本の家族は、この〈対幻想〉が〈共同幻想〉としての「世間」からつねに侵食を受けてきた。伝統的共同体としての「世間」が、明治以降の近代化＝西欧化によって、しだいに解体・消滅してゆくものと考えられたが、じっさいには解体も消滅もしなかったからである。

言いかえれば、「世間」のいわば出先機関としての「家」制度は、戦後の民主化によってたしかに解体・消滅したが、じつはその後も、「いえ」の意識は家族に内面化されて、しぶとくのこっている（本書では、家制度を否定した新民法が制定される一九四七年以前の、法律上の根拠をもつものを「家」制度、法律上の根拠はなくなったものの、人々のなかに内面化されたものを「いえ」制度とよぶことにしたい）。

その結果、現在においても、日本の家族は西欧の家族とは異なり、たとえば、犯罪者を出した家族がただちに「世間」に謝罪しなければならないなど、つねに「世間」の評価を意識しなければならない、特異な行動様式を強いられてきた。

これまでは日本の家族は、「家」制度との関わりで論じられることが多かった。本書では、その背後にある日本に特有の「世間」という観点から、日本の家族の問題を考えてみたい。

まず第1部（1〜3章）では、「世間」のルールを概括的に論じた上で、近代家族の成立と日本への輸入とその展開を、「いえ」制度との関わりを中心として、原理的・歴史的にあきらかにしたい。ここでいいたいのは、日本では近代家族など成立したためしなどなかったのではないか、ということである。

つぎに第2部（4〜7章）では、恋愛、親子、加害者家族、年中行事という具体的テーマにそって、家族をめぐる現在的な諸課題を浮き彫りにしたい。いいたいことは、現在の家族のあり方のなかに、いかに「世間」が深く介入し、人々に内面化されているか、ということである。

なぜ日本人は世間と寝たがるのか●目次

第3章 商品化される家族
——家族の「解体」という言説

第2部 「世間」に侵食される日本の家族——今日的状況の考察

第4章 妻をなぜ「ママ」とよぶのか
——恋愛関係論

なぜ日本人は世間と寝たがるのか

——空気を読む家族

第1部

日本型家族の誕生

近代家族の史的変遷

第1章
「世間」とは何か――日本人を縛るルール

近代化できなかった人的関係

日本人だったら、だれしも「世間」に縛られている。現在の西欧にはない日本に特有の「世間」とはいったい何か？　本書では、日本の家族が内在する「世間」のあり方について焦点をあてるが、まずは、「世間」とはどういったものなのかについて考えてみたい。

「世間」とよばれる人的関係は、どこの国や地域においても普遍的に存在するものだと思われるかもしれない。しかし、とくに現在の西欧との比較においては、日本に特有のものであり、おそらくお隣の韓国や中国にも存在しない。

こうした内容の世間論は、いまから二〇年ほど前に歴史学者の阿部謹也によって提唱された。阿部はドイツ中世史を研究するなかで、中世のドイツにおける人的関係が、奇妙なことに、現在の日本のそれにきわめて類似していることに気づく。ヨーロッパではその後、人的関係のあり方が大きく変化していったが、日本ではそうではないのではないか。かつてヨーロッパ中世に存在したような古い人的関係が、連綿と続いているのではないか。これが阿部の世間論の出発点であった。

阿部の最大の功績は、まず、日本には社会という西欧から輸入された言葉はあるが、実体としては存在しない現実を明らかにしたことである。社会は日本の明治時代の近代化＝西欧化の過程のなかで、一八七七年ごろに、外国語のsocietyを翻訳したものである。

当時の人が、このsocietyの訳語として「世間」をあてなかったのは、societyという独特の西欧の人的関係が、当時の日本には存在しないことがわかったからであろう。社会という人的関係は、あくまでも人間の尊厳と一体のindividualからできあがっており、個人という概念もまた、当時存在しなかったために、一八八四年ごろ訳語として個人をあてたのである。

つまり日本では、明治時代の近代化の過程で、科学技術や政治制度や法制度の輸入には成功した。ところが社会という言葉は輸入したものの、その実体としてのsocietyの輸入には失敗した。言いかえれば、それまで連綿として存在してきた、「世間」という人的関係

を近代化することには失敗したといえる。

もちろん、西欧にならって近代化を進めざるを得なかった、どの「発展途上国」においても、大なり小なりindividualの形成については、日本と同様の事情があったと考えることができる。しかしあとでのべるように、ここにはキリスト教の普及という問題がかかわっており、日本はこの点で、先進工業国のなかでは、individualの輸入に失敗した唯一の国ではないかと思う。

そのため日本人が生きる世界は、現在でも、底部には「世間」という人的関係が存在し、その上部に乗っかるかたちで、社会という人的関係が存在するという二重構造となっている。いわば、社会はあくまでも表面上のタテマエであって、その根底にはつねにホンネとしての「世間」が存在しているという構造になっている。

さらに阿部の功績は、日本の「世間」にあたる人的関係が、一一、二世紀以前のヨーロッパにも存在したことを明らかにしたことである。これは阿部がドイツ中世史の専門家であったために気づいたことで、それまでだれも指摘しえなかったことだ。

ヨーロッパでは、その後、都市化とキリスト教の浸透によって個人が生まれ、それが八〇〇年ほど前に、個人の集合体としての社会という人的関係に変化したのである。

社会といえば、私が生まれてはじめてヨーロッパに行ったのは、いまから二〇年ほど前の一九九一年であった。イギリスのヒースロー空港に降り立ち、空港近くのホテルのレストランにはいってウェイトレスにビールを注文したときの、なにかまるっきりちがう世界に入りこんでしまったという、ひどく奇妙な感じをいまでもよく覚えている。

その奇妙な感じとは、それまで経験のないような、いわば「荒野のような自由」のなかに迷い込んだという気分だった。この感じは今でも日本にいても、外国人とすれちがったり、外国語を話したり、本を読んでいたり、ヨーロッパの映像をみているようなときに、ときには暴力的ともいえるような唐突さで、立ちあらわれてくることがある。

たとえばイギリス人は、道ですれちがって肩が触れ合ったようなときに、必ず「アイム・ソーリー」といって謝る。それは、誤って相手のindividualとしての個人の領域に踏み込んだことを謝罪しているのである。私には個人の領域が、まるで島宇宙のように各々孤立して存在しているように思えた。この人間関係の距離のとり方は独特のもので、解放感とひどい緊張がないまぜになった気分、とでもいえばよいのか。この距離のとれた人的関係を前提とした「荒野のような自由」とは、私にとって、西欧社会のなかに存在するときの独特の気分といってもよい。

これにたいして日本には、こうした「荒野のような自由」はない。いつも自分がまわりから評価されていて、その評価に答えなければならないとみんな考えている。それは、具体的な暴力や抑圧ではないが、いってみれば「真綿で首をしめられるような抑圧感」といえる。問題は、このような抑圧感がどこから生まれるのかということである。

「世間」といわれると、人によってさまざまなイメージがあると思う。私はこうした日本の「世間」を、「日本人が集団になったときに発生する力学」と定義している。

「日本人が」としているのは、ここには、日本にいる外国人は入らないという意味である。「世間」はウチとソトを厳格に区別する。もちろん例外がまったくないわけではないが、原則として外国人というのは、まさに「世間」のウチに属さないソトの人（〝外人〟）のことなのだ。

また「集団」といっているのは、それが一種の〈共同幻想〉、つまり三人以上の複数の人間が生み出す観念の束という意味である。あとでのべるが、だからそれは手で触れられるような実体とはいえない。

さらに「力学」という言葉を使ったのは、それがある種の権力として機能していて、意識するにせよ、意識しないにせよ、人々をかなり強い力で縛っているからである。つまり

「世間」のルールには、ある種の同調圧力が発生し、みんなしたがわなければならない。「世間」には、主要に四つのルールが存在する。これは、阿部があげたルールを私がすこし修正したものであり、日本にはindividualとしての個人が存在しない理由といいかえてもよい。このルールは成文化されているわけではないが、日本人だったら身にしみてよく知っており、暗黙のうちにこれを遵守している。

法を遵守するはるか以前に、上記のようなある種の同調圧力をともなって、これらのルールを遵守することが求められる。本書では、これをベースに議論を展開していくが、まずもって、この四つのルールを概観しておこう。

贈与・互酬の関係

「世間」の第一のルールは、「贈与・互酬の関係」であり、お中元・お歳暮に代表されるような、「お返し」のルールである。意外に思われるかもしれないが、おそらく毎年、このような贈答関係を大規模にくり広げているところは、先進工業国ではほかにはまずない。

つまり、日本人はモノのやりとりをすることによって、人間関係を円滑にするというこ

とを何百年もやってきたのだ。

手近なところでは、ケータイのメールのやりとりもそうである。即レス、つまりメールがきたら速攻で返信しなければならないと思ってしまうのは、メールが、お中元・お歳暮と同じく、一種の贈答品としてとらえられ、時間をあけずに「お返し」をせまられるからだ。

しかもその場合に、お中元・お歳暮がそうであるように、内容は同じ程度のものでなければならない。短いメールにたいしては短いものでいいが、長いメールにたいしては長いものを返すという、バランスがとれたものでなければならない。これは強迫的とすらいってもいいぐらい、日本人の生活世界に浸透している。異様なくらい「お返し」に気をつかっているともいえる。

じつは愛情行為でも同じ問題がある。キリスト教的にいえば「愛」は見返りを求めない無償のもののはずだ。だが「世間」にあっては、愛は「贈与・互酬の関係」のなかに埋め込まれており、恋人同士の愛にせよ〈夫—妻〉の愛にせよ〈親—子〉の愛にせよ、「これだけしてやったのに」という気持ちがどこかにあるので、相互に「お返し」を求められることが多いし、それが強迫的になってしまうことすらある。

この「お返し」をある時期に断固としてやめたという点では、ヨーロッパはたいしたものだと思う。前にのべたように、八〇〇年前以前のヨーロッパにも「世間」が存在したから、「贈与・互酬の関係」もとうぜん存在した。

というよりも、古い時代には「贈与・互酬の関係」は、M・モースのいうように、北西部アメリカ、ポリネシア、メラネシア、パプア、ヨーロッパ、古代インドなどの地域や、世界中のいたるところにみられ、ゲルマン法、ケルト法、中国法などの法律に登場する(『社会学と人類学1』)。

当時ゲルマン社会にあった「贈与・互酬の関係」は、勃興しつつあったキリスト教の教義によって否定される。たとえば、新約聖書のルカ一四章では、人を招いて宴会をする場合には、友人、兄弟、親族、金持ちの友人は招くな、その代わりに、貧乏人、体の不自由な人、足の悪い人、目の見えない人などを招きなさい。なぜなら、金持ちなどは「お返し」ができるが、貧乏人にはできないからだといっている。

つまりキリスト教会は、こうした「善行」をおこなえば死後天国にゆけますよというかたちで、「贈与・互酬の関係」を現世のものから来世へと移動させるという、「贈与慣行の転換」をおこなったのだ。そのため、現世の「贈与・互酬の関係」は一掃されることになった。キリスト教的な愛が見返りをもとめないのは、キリスト教が現世の「贈与・互酬の関係」を否定したせいである。

現在の西欧社会においては、誕生日のプレゼントやクリスマスのプレゼントなど、一部に「贈与・互酬の関係」が存在するが、日本のように生活世界のあらゆるところまでそれが貫徹しているようなことはないのだ。

身分制

「世間」の第二のルールが「身分制」である。

日本ほど年齢にこだわるところは、たぶん、ない。若者もお年寄りも、みんな「年齢相応」という「世間の目」を気にしているし、お年寄りがハデな服を着ようものなら、「いい年をして」というようなことをいわれる。それは、年齢の上下という身分が「世間」のルールになっているからである。

「身分制」といわれて思い出すのは、たぶん江戸時代のことだろう。この時代には「士農工商」という身分があった。「四民平等」ということで明治時代になって、一応それはなくなったことになっている。戦後、明治時代にできた華族や士族や平民という身分も廃止され、身分制度はなくなった。

しかし「世間」のなかでは、戦前ほどではないが、年上・年下、目上・目下、先輩・後輩といったような上下関係があり、そのどこに自分がいるかが、きわめて重要なものとなっている。しかもこの「身分制」は、あらゆる関係が相互に重なり合いながら、きわめてフクザツな構造をもっている。

たとえば日本語では、自分のきょうだいを紹介する場合に、これが兄で、これが姉で、これが弟で、これが妹で、という。しかし、英語だとブラザーとシスターと説明するだけであって、これだけでは兄なのか弟なのか、姉なのか妹なのかわからない。しかし、上下関係はわからなくともべつに困らないのである。

また親が自分の家族を人に紹介する場合でも、これが長男でこれが次男で、これが長女でこれが次女で、という言い方をする。英語でも無理にいえばいえないことはないが、長男なのか次男なのかなどということはだれも気にしていない。これは日本の「世間」を反映したもので、家族のなかに子どもの間で序列があるということを示している。

もう少し言葉のあり方から考えてみよう。英語だったら二人称はＹＯＵだけである。相手が家族だろうが友だちだろうが学校の先生だろうが大統領だろうがＹＯＵですむ。これは考えてみれば、とてつもないことではないのか。

というのも、日本語でＹＯＵを考えてみると、「お前」「あなた」「君」「そなた」「てめえ」など数限りなくなる。なぜこんなに多いのかといえば、日本では自分と相手との身分の違いによって、つまり相手が先輩なのか後輩なのか、格上なのか格下なのか、年齢が上なのか下なのかで、言葉をつかい分けなければならないからだ。

「世間」に住んでいる日本人は、だれかに会ったときに、瞬時にこれを判断して、言葉のつかい分けをやっている。尊敬語・謙譲語・丁寧語などの敬語もそうである。

少なくとも英語圏では、そうした「身分制」はなく、「法の下の平等」が貫徹されるために、多少ていねいな言い方はないわけではないが、日本語のように人称や動詞まで変わることはない。社会においては、人は平等であるという大方の合意があるからだ。

身分の問題は差別の問題でもある。阿部は、日本の夫婦茶碗をドイツの友人夫妻にもっていったさいに、大きい方を女性が取ってしまったので、それはあなたのものではないのだといおうとしたが、なぜ大きいほうが男性用なのかを説明するのは困難であったという。

それは、「個人として妻とか夫が位置しているのではなくて、夫婦という単位でいる。

さらにまた、そこにはある種の価値の上下まである。そういう意味ではヨーロッパ的な教育というものを受けながら日本人はそれを建前としてしか受け止めてこなかった」ためであるという（「公衆衛生観念の根底にあるもの」五二四〜五二五頁）。たしかに、夫婦茶碗の大きさの違いは合理的に説明できない。いわれてみないと気づかないが、「世間」における差別のごく一端である。

共通の時間意識

第三の「世間」のルールが「共通の時間意識」である。

これは「みんな同じ時間を生きていると考えている」ということなのだが、内容は二つあって、一つは個人（の時間意識）が存在しないということ。もう一つは、中根千枝のいう「人間平等意識」である（『タテ社会の人間関係』九八頁）。

後者は、本来人間には能力や才能の差があるはずなのだが、貧乏人でも、成功しない者でも、教育のない者でも、そうでない者と平等に扱われる権利があり、自分はたんに運が悪かっただけで、他の人間とかわらないと考えることである。つまり、「能力差」をみとめないというものである。

もともと個人という言葉は、英語のindividualを翻訳したものだが、日本では言葉はあるものの、依然として個人が存在していないことはすでに述べた。そのために、個人が生きる「個人の時間意識」も存在しない。ヨーロッパでは個人は、一一、二世紀に都市化と キリスト教の「告解」という、神に向かって自分の罪を告白する制度の普及によって成立した。「告解」は、自分の内面を神に向かって告白することによって、自分がなんであるかを意識することになり、個人の成立に大きな役割をはたした。日本人はプレゼンテーション能力が低いとよくいわれるが、それは、こうした「告解」の伝統がまったくないからである。

それゆえこうした「告解」の歴史が存在しない日本では、いつも「みんな一緒」でなければならないという同調圧力が生じる。まさに「出る杭は打たれる」のである。しかも個人が存在しないために、自分と相手との区別が不明確になり、必然的にべたべたの関係になる。

鴻上尚史が面白いことをいっている。いじめはどこの国にもあるが、日本と欧米はまったくちがう。たとえば日本には、クラス全員が一致して無視（シカト）するなど「何もしない」といういじめがあるが、欧米では一部の人間が無視する行動をとっても、他の人間は話しかけるので、「一致して」ということはありえない、と（『「空気」と「世間」』）。

日本では、この「一致して」という同調圧力は絶対である。しかもそこに、「人間平等主義」があるために、独特の「ねたみ」意識が生まれる。これは憲法にある「法の下の平等」に一見似ているが、似て非なるものである。憲法の前提である個人の尊厳などとはまったく関係のない、能力の差なども一切みとめない、中根千枝がいう教条主義的な「無差別悪平等」なのである。

ただただ「みんな平等」と思っているがゆえに、ちょっとでも贅沢をしたりすると、すぐに「世間」からねたまれる。「世間」で成功するためには、まず他人からねたまれないようにすることが大事だ。「世間」を渡るには、このことに細心の注意をはらう必要がある。

〈親―子〉の関係も、「共通の時間意識」のもとにある。個人がいないために日本では、個人と個人の関係にならずに、老人になるまで〈親―子〉関係がそのまま続く。

阿部はいう。

アメリカもヨーロッパも個人の国であり、一人ひとりは個人の時間を生きています。したがって、赤ん坊だって泣けば泣きっぱなしで、親がそばであやすということはあまりありません。最近はあやす人が増えてきたそうですが、基本的には一人の時間を生きています。親子のあいだですら、共通の時間を生きていません。しかし、日本の場合は親子の絆は永久につづきます。

したがって、お母さんが九十歳で息子が七十歳でも、相変わらず息子なのです。七十歳になろうが八十歳になろうが、息子は息子なのです。この関係は、共通の時間意識のなかに世間があるということです。世間のなかに生きているということは、共通の時間を生きているという意味です。アメリカやヨーロッパは〔略〕みんな個人の時間を生きています。親は親で自分の時間を生きているから、夜八時になれば夫婦でそろって夜会あるいはお招きにいってしまいます（「世間と差別」三九頁）。

阿部はここできわめて重要なことをいっている。〈親―子〉の関係が個人と個人の関係にならずにべったりするのが、日本の〈親―子〉関係の特徴だと指摘するのだ。日本の子育てでは添い寝や抱っこにみられるように、身体的接触がきわめて多く、一般にもそれが推奨される。たとえば子どもはかなり大きくなるまで、親と一緒にお風呂に入ることが多い。しかしこれは欧米では、場合によっては「児童虐待」とみなされて警察に通報されたりする行為である。子どもは個人、すなわち個性をもった一つの人格とみなされるから、ある種の人権侵害ととらえられるのである。

これにたいして日本では、子どもを個人、すなわち人権の主体として考えることはまずない。しかもそうした親子関係が、歳をとっても個人と個人の関係にならず、いってみれば平行移動してゆくだけなのである。それは、親子でも個人の時間を生きている西欧とは決定的にちがっている。

呪術性

第四のルールが「呪術性」である。

「恵方巻き」というのがある。これは節分に巻き鮨を、その年の縁起のいい方向を向いてまるかじりする、という関西の一部にあった習慣である。これに注目して、コンビニが全国展開を仕掛け、全国区の年中行事となったものだ。日本ではこうした縁起かつぎの、ある種宗教的な行事を商売にすると、当たる。なぜなのか。

　自分は無宗教だと思っている人が多いかもしれないが、じつは日本人は信心深いのだ。大安の日に結婚式をし、友引の日には葬式をしない。夏のお盆の時期になると大渋滞をものともせず、民族大移動して郷里に帰り、先祖のお墓参りをする。家で立て続けに不幸があったりすると、巫女さんや神主さんにお祓いをしてもらったりする。なんらかの祟りではないかと考える人が多いからだ。

　こうしたルールは法律で決められているわけでもないし、どこかに成文化されているわけでもない。ところがこうしたルールを知らずに守らないでいると、必ずどこかで「世間体が悪い」だの「世間に申し開きができない」だのという話になる。ふだんの生活であまり意識することはないが、とくに葬式などの非日常的な場面では、これを守らないと「世間」からつまはじきされる。日本人がもっとも恐れるのは、「世間」から排除されることである。だから、日本人はきわめて几帳面にこれを守っている。

　とはいえ面白いことに、信心深いわりには、かなりいいかげんなところが、この「呪術性」の特徴である。神棚と仏壇を、両方おいている家がある。その家では、一二月二四日になるとクリスマスケーキを買ってきて、クリスマスイブを一家で祝うかもしれない。いうまでもなく、「神」は神道だし、「仏」は仏教だし、「クリスマス」はキリスト教で、まったく別物の宗教である。こんないいかげんで、なぜゆるされるのか。

第7章で再度ふれるが、それは日本人は、信心深くはあるが、なにか特定の宗教を信じているわけではないからである。お地蔵さんお稲荷さんに手をあわせるのだって立派な宗教だが、それだけを信じているわけではないだろう。キリスト教やイスラム教が一神教とよばれるのにたいして、これを多神教といってもいい。しかしその根底にあるのは、かなり古い時代からあるアニミズムや自然宗教のたぐいである。

日本の「世間」は、一〇〇〇年ぐらいの歴史がある。すでに『万葉集』のなかで、「世間」という言葉が、世の中はいかんともしがたいものだという意味でつかわれている。先進工業国で、これほど古い「呪術的」なものをのこしている国は、おそらく日本だけである。ヨーロッパでは約八〇〇年ほど前にキリスト教が支配することによって、こうした「呪術的」な迷信・俗信のたぐいが一掃された。

当時のヨーロッパの社会共同体においては、日本の「世間」にあるような迷信・俗信のたぐいがまんえんしていた。キリスト教会は、これをイエスの教えに反する「邪教」であるとして禁止し、告解のなかで告白させて違反者に贖罪を科したのである。そのなかで、

『ハリー・ポッター』『エクソシスト』で描かれるような魔術も禁止された。もちろん現在でも欧米では、こうした魔術が部分的に残っていないわけではないが、あれもキリスト教会からは禁止されているものである。

手で触れ得ないものを意識すること

以上大急ぎで、「世間」を構成する「贈与・互酬の関係」「身分制」「共通の時間意識」「呪術性」という四つのルールを説明した。ルールというとなにか、自分の外側からいろいろ強制してくるようなイメージがあるが、そうではない。大事なことは、それが一人一人の心に内面化されているということである。

「世間」が内面化されているということは、一つには、「世間を離れては生きてゆけない」とよくいわれるように、所属することが、人々に「存在論的安心」をもたらしているということである。

「存在論的安心」とは、自分がここに存在していることに確信がもてることを意味し、逆に「存在論的不安」とは、そうした確信がもてない不安のことである。日本人は「世間」

に所属することによって、一定の身分を獲得し、他者と「共通の時間意識」をもち、「存在論的安心」を得ることができるが、いったんそれから離れてしまうと糸の切れた凧のように不安定になる。

「旅の恥はかきすて」というように、日本人は「世間」を離れると傍若無人になるが、これは「世間」のルールの一切から自由になるからである。しかしこういう状態はきわめて不安定なので、かなり危険な状態であるともいえる。犯罪とまではいえないが、外国で世界遺産の建物の壁に落書きをする程度のことは、軽〜い気持ちでやってしまい、あとで大騒ぎになったりする。

「世間」が内面化されていることの意味は、もう一つある。西欧近代が作り出した考え方によれば、人間は他者から独立した個性や人格や意思をもつ存在である。しかし、人間は関係的にしか存在しない。木村敏はこれを人と人との「間《あいだ》」と名づけているが、人間の個性や人格は、まず人と人との「間」があって、それに規定されるかたちで析出される(『人と人との間』)。

「世間」は他者との関係、すなわち木村のいう「間」だが、それが内面化されているということは、人間が「世間」から独立した個性や人格や意思をもつものではない、ということである。

「世間」とは、一人一人に内面化されているものだから、それを対象化することはきわめて困難な作業となる。「世間」の存在は、外部にあって手で触れることのできるものではないから、それを解明するためには、ある種の構想力や想像力が必要となってくる。

それを獲得するこころみが「世間学」である。「世間」は机や椅子のように物理的に存在するものではないから、自分が意識しないかぎり存在しない。それを日本の社会科学の歴史上初めて、学問として意識的にとらえようとしたのが、世間論の創始者である阿部である。

「世間」を意識的にながめてみる。そうすると、いつも見慣れた風景がまったくちがってみえてくる。E・フッサールは、こうしたある種の構想力や想像力の獲得を「宗教的回心」に似ているといっている（『ヨーロッパ諸学の危機と超越論的現象学』一九二頁）。別な言葉でいえば、それはまるで、「逢ひ見ての後の心にくらぶれば昔はものを思はざりけり」（藤原敦忠）みたいなものなのだ。あなたに会って、気づいたら、風景がまるでかわってしまったようにみえる。なぜなのか。それを理解する術は一つしかない。「ものを思」う、つまり考えることだけが武器である。

第2章

「私」なき国の近代家族――「いえ」とは何か

ヨーロッパにおける恋愛の「発見」

さてここからは、まず恋愛や家族＝近代家族の歴史を考えてみよう。恋愛も家族も日本にもともとあったものだと思われるかもしれないが、じつは明治時代にヨーロッパから日本に輸入されたもので、外部からつけ加わったものにすぎない。それがいま、本来の意味で日本の社会に定着したといえるのか、それがこの章の課題である。

恋愛は、一二世紀ヨーロッパにおいて「発見」された。恋愛結婚もまた、恋愛という概念をもとに製造されたものにすぎない。そういうと驚かれるかもしれない。もちろん男と女がいて肉体的結合があって子どもが生まれて（こういうとミもフタもないが）、という程度のことは日本にもあった。

しかし、いま私たちが認識しているような意味で、恋愛を男女の肉体的結合以上のものとして考えた場合、日本ではいつ恋愛が生まれたのか、だれも答えられない。ところがヨーロッパでは、恋愛は一二世紀に生まれたというのが定説となっているという。それは結婚においてではなく、騎士と人妻との不倫の関係、つまり「宮廷風恋愛」として成立した。阿部謹也はこういっている。

いわゆる宮廷風恋愛といわれているものには、通常の恋愛とは異なった特徴がある。愛する者は人格的に向上し、政治や経済のしがらみの中で成立する結婚とはちがって、相手は自由に選ばれ、愛は相互のもの、とみなされる。そこからして、他の者に思いを向けることによって、純粋に私というものが意識されるようになる。また肉体の合一は、たいていのばあいは実現せず、宮廷風恋愛は抑制された愛となる。他者をセックスの対象とみなすことは、愛の高貴さを損なうものと見なされたのである（「西洋中世の愛と人格」三九八〜三九九頁）。

あたり前のことだが、恋愛とは相手を自由に選べるという前提がなければ成立しない。

同時にそれは、肉体的結合以上のものとして考えられ、阿部のいうように、そこでは他者に出会うことによって純粋に「私」が意識される。この「私」の意識が芽生える、というところがポイントである。

恋愛が生まれたのが一二世紀だったということには、はっきりとした理由がある。ヨーロッパでは一一、二世紀には、都市化とキリスト教の「告解」の普及によってindividualたる個人が生まれる。とくに神に向かって自分の罪を告白する「告解」は、一二一五年のラテラノ公会議以来、ヨーロッパの成人男女にとって、一年に一回以上おこなわなければならない義務となった。

しかもこの「告解」においては、当時神父がつかっていた「贖罪規定書」というマニュアルがあって、そこには事細かに禁止事項が書かれ、違反した者にたいする「パンと水だけで一カ月」というような贖罪が決められていた。そこには、夫婦の性的関係のあり方などが細かく記載されていた。

たとえば、授乳中、四旬節、降臨節、精霊降臨祭、復活祭、祭日、日曜日、水曜日、金曜日、土曜日、昼間のセックス、また、裸での、教会のなかでのセックスが禁止されていた。キリスト教にとってセックスは、子どもをつくるためにだけ許されていたから、快楽や情熱は認められなかった。

セックスのあり方を含めて、神に向かって自分の罪を告白するということは、自分の「内面」を外部にさらけ出すということである。必然的にそこに「私」が意識されることになる。「内面」の発見によって、「私」たる個人が生まれたのだ。この「私」が成立してはじめて恋愛が成立した。逆にいえば、肉体的結合以上のものとしての恋愛は、「内面」をもった個人がいないところには存在しない。

ではこうした宮廷風恋愛ではなく、ふつうの結婚において〈夫―妻〉の関係はどんなものだったのか。そこには愛情はなかったのか。

中世の結婚は、相手の家柄や資産のみ、つまり身分やブタを何頭飼っているかといったことだけを考慮して、当事者の意思とは関係なく、親同士が決めた政略結婚であった。だから恋愛結婚にいたるような、「自由な恋愛」の成立する余地がまったくなかった。結婚とは個人と個人が愛情で結びつくのでなく、身分が同じ家同士の結合であった。妻は、嫁いだ先の家の「財産」とみなされ、女性は男性より身分が低いものだと考えられた。

もちろん長いこと一緒にいるわけだから、〈夫―妻〉の間に愛が芽生えることがまったくなかったわけではないが、大多数はそうではなかっただろう。だから恋愛はまず、結婚の外部に、自由に相手を選べる「宮廷風恋愛」として成立したのだ。

よーく考えてみると、現在の日本の結婚も、愛というよりは、ブタを何頭飼っているかというような経済的利害からおこなわれる場合が多いのではないか。山田昌弘は、恋愛結婚が主流となったいま、大事なことは「好き」かどうかであって、経済力で相手を選んでいるわけではないといわれるが、これは間違いで、じつは「好きになる」という無意識の過程のなかに、相手の社会的な力という要素が忍び込んでいるという。

たとえば、男性の魅力として語られるのは、たくましさ、体力、指導力、知識の豊富さ、会話の巧みさ、人生経験の深さなどであるが、これらは同時に、すべて社会的に成功するのに必要とされる能力である。つまり、社会的に成功するということは、ほとんど経済力とイコールであるということだ（『結婚の社会学』）。

またあとでのべるが、多くの日本人の夫婦生活に、ほんとうに愛があるといえるのか。ついでにいえば、「はじめに」でふれたように、結婚式場に「○○家××家」と書いてあるのは、あれは結婚が個人と個人のつながりではなく、あくまでも「いえ」同士のつながりであることを表しているのではないか。

子どもが「小さな大人」だった時代

〈夫―妻〉の間に愛情はなかった。とすれば、〈親―子〉の関係は愛情で結ばれていたか。ヨーロッパ中世の子どもの状態を明らかにしたのは、P・アリエスである。アリエスはつぎのようにいう。

> この社会は「子供」をはっきりと表象していないし、少年にかんしてはなおのことそうであると、私は論じた。子供時代に相当する期間は、「小さな大人」がひとりで自分の用を足すにはいたらない期間、最もか弱い状態で過す期間に切りつめられていた。だから身体的に大人と見做されるとすぐに、できる限り早い時期から子供は大人たちと一緒にされ、仕事や遊びを共にしたのである。ごく小さな子供から一挙に若い大人になったのであって、青年期の諸段階をすごすことなどない（『〈子供〉の誕生』一頁）。

アリエスによれば、子どもは八歳ぐらいから、身体は小さいが中身は大人としての「小さな大人」として扱われ、大人にまじって仕事や遊びをしていた。子どもの社会化や教育は家族によってではなく、大人と混在する徒弟修業によっておこなわれた。

では八歳以下はどう扱われたかといえば、それはいわば動物と同じで、このことは、大人たちが子どもをフリスビーのように投げて遊んでいて、時々落として死なせた、というウソみたいな話が伝わっていることでわかる。つまりイヌかネコみたいなものだった。

子どもが八歳ぐらいで大人として扱われたのは、だいたいそのぐらいになると大人と同じようにしゃべれたからである。しゃべれれば仕事も可能となる。当時文化の継承は「文字」ではなく、W・J・オングのいう「声」、つまり語ることによっておこなわれた。オングはこれを「一次的な声の文化」とよぶ（『声の文化と文字の文化』）。

子どもは八歳以下は動物で、それをすぎると大人とみなされた。つまり現在のように、愛情のまなざしが注がれるような「子ども期間」が存在しないために、〈親―子〉の間では愛情が存在しなかった。現在のような子どもにたいする関心と愛情のまなざしが形成されるのは、子どもが徒弟修業にかわって学校に行き出す一八世紀以降である。

つまりオングのいう「一次的な声の文化」から、文字をつかって文化が継承される「文字の文化」への歴史的な変化によって、子どもは学校に行くようになり、一人前になるまで家族の元にひきもどされることになった。アリエスはこれを「学校化」とよんでいる。

そのために、家族のなかで子どもへの関心が生まれる。E・ショーターは、一八世紀にヨーロッパで生じた乳幼児死亡率の低下は、公衆衛生や医学の発達からだけでは説明しきれないという。家族が子どもに関心を向けるようになったことが影響していると指摘する（『近代家族の形成』）。

E・バダンテールも、一八世紀までのフランスにおける里親の慣行の研究のなかで、少なくともこの時代までは、〈親―子〉の間の「母性愛」はなかったわけではないが、これは女性の「本能」などではないという。当時、子どもは生まれるとそのほとんどが里子に出され、実母が自分で育てることはきわめてまれだったという。つまり現在いうような「母性愛」は、その後の時代に、母親にのみ子育てを押しつける（近代家族の性的役割分業）ために捏造された神話にすぎない（『プラス・ラブ』）。

またこの時代までの家族は、親族や召使や友人がごっちゃに出入りしていて、いわば街路の生活がそのまま自由に入ってくるような生活で、家族とsocietyである社会（共同体）との境界がはっきりしなかった。現在のように家族と社会との位相がはっきりと分離したのは、一九世紀になって、資本主義の本格的成立によって近代家族が形成されてからである。

ところで近代家族の特徴の一つは、社会と家族とのはっきりとした分離（公と私の分離）といえるが、この点で現在の日本の家族は、societyとしての社会が成立していないために、「世間」と家族との境界がきわめて不明確である。つまり家族はつねに「世間」からの侵食を受けてきた。この点はあとで詳しくのべるが、この意味で、現在の日本の家族は一八世紀以前のヨーロッパの家族とよく似たところがあるといってよい。

近代家族の形成

では、西欧社会で形成された近代家族とは、いったい何か。

ひとことでいえば、それは、〈夫―妻〉の間が「愛情原理」で結ばれた共同体のことである。それをもっとも端的に語っているのが、一九世紀はじめに活躍したG・ヘーゲルである。ヘーゲルは家族を定義してつぎのようにいう。

> 家族は精神の直接的実体性として、精神の感ぜられる一体性、すなわち愛をおのれの規定としている。したがって家族的心術とは、精神の個体性の自己意識を、即自かつ対

自的に存在する本質性としてのこの一体性においてもつことによって、そのなかで一個独立の人格としてではなく成員として存在することである。［略］愛とは総じて私と他者とが一体であるという意識のことである。だから愛においては、私は私だけで孤立しているのではなく、私は私の自己意識を、私だけの孤立存在を放棄するはたらきとしてのみ獲得するのであり、しかも私の他者との一体性、他者の私との一体性を知るという意味で私を知ることによって、獲得するのである（『法の哲学』三八六頁）。

ヘーゲルは、家族が「精神の感ぜられる一体性」「私と他者とが一体であるという意識」、つまり愛が支配する場所だといっている。しかも愛とは、「私の自己意識」や「私だけの孤立存在を放棄するはたらき」をつうじてのみ獲得できるといっている。

いうまでもないが、ヘーゲルがここでいっている「私」とは、すでにindividualたる個人として形成されている「私」のことであり、「一体性」とはその存在を前提としているのだ。家族とは個人の集合体ではあるが、そこでは一個独立の人格ではなく、あくまでも成員として存在しているといっているのだ。

これが正真正銘、由緒正しい近代家族である。近代家族の原理とは、吉本隆明の言葉を借りれば、原理的に三人以上の人間の観念が生みだす〈共同幻想〉とも、一人の人間の観念が生みだす〈自己幻想〉とも区別される、二人の人間の観念が生みだす〈対幻想〉だということになる。ここで「原理的に」といったのは、三人以上の家族も現実に存在するが、そのなかを支配する原理はあくまでも、二人の人間の観念が生みだす〈対幻想〉であるという意味である。

それゆえ、一九世紀にヨーロッパで成立した近代家族が示す特徴を、ごく大雑把にいえば、つぎのようになる。

第一に、私的領域と公的領域の分離である。すなわち、それ以前の家族は、まわりのsocietyたる社会（共同体）に埋め込まれていて、家族と社会との境界があいまいであった。いいかえれば、家族という私的領域と社会という公的領域がはっきり分離していなかった。

ところが近代家族は、〈対幻想〉つまり「愛情原理」を本質とすることによって、経済原理＝市場原理を本質とする〈共同幻想〉たる社会に対立するものとして成立した。なぜなら、愛はおカネでは買えない（はずだ）といってもよいが、愛情原理は市場原理と矛盾し対立する（はずだ）からである。いいかえれば、家族という私的領域とsocietyたる公的領域がはっきり分離し対立してゆく。

第二に、性的役割分業＝家父長制である。簡単にいえば、男は公的領域、女は家内（私的）領域という性別分業である。とくにこのころからバダンテールがいうように、母性愛が強調され、男性は仕事、女性のみが子育てをすべきことが喧伝されてゆく。

じつはこのような傾向は、二一世紀にはいった現在においてなお、きわめて大きなチカラをもっている。とくに日本では、あとでのべるように、「世間」のいわば出先機関といえる「いえ」の意識がのこり、「世間」に「身分制」というルールがあるために、男と女の性的役割分業という考え方がいまでも根強い。

第三に、家族構成員相互の強い情緒的結合である。まず〈夫―妻〉間においては、近代家族以前には、恋愛のような情緒的関係が希薄だった。恋愛は不倫の関係としての「宮廷風恋愛」としてあり、〈夫―妻〉の間には愛など存在しなかった。

ところが、ヘーゲルのいうような、「私と他者が一体」であるという「愛情原理」を本質とする〈夫―妻〉の成立によって、愛というものが家族の価値として中心に置かれるようになった。さらに、恋愛というものが人生において価値があるものとみなされ、恋愛の結果としての結婚が考えられるようになった。つまり恋愛結婚の誕生である。

つぎに〈親―子〉間においても、子どもにたいして関心と愛情のまなざしが注がれるようになった。近代以前の家族においては、子どもは「小さな大人」とみなされ、早いうちから徒弟修業に出されたため、両親の愛情を注がれるような存在ではなかった。しかもそれ以前の子どもは、いわば動物と同じように扱われたことは前にのべた通りである。

ところがアリエスのいう「学校化」によって、徒弟修業に出ていた子どもは家庭に引き戻されることになり、子どもにたいする関心が生まれ、愛情のまなざしが注がれることになった。バダンテールによれば、とくにフランスのジャン・ジャック・ルソーは、子どもの幼少期においていかに親の愛情が重要かを喧伝し、母性愛神話の形成に一役買ったという。

しかしこうした近代家族は、たとえばフランスでは、一九世紀初頭から二〇世紀半ばまでの限られた期間に存在し続けたにすぎず、一九六〇年代からゆらぎはじめたといわれる。また落合恵美子によれば、ヨーロッパで一九世紀に近代家族が成立したときには、中産階級のみがそれをつくっており、それが大衆化したのは一九三〇年代に入ってからだという（『近代家族の曲がり角』）。

恋愛は輸入品であった

日本では明治時代の急速な近代化＝西欧化によって、この近代家族や恋愛という概念がヨーロッパから輸入される。すでにみたようにヨーロッパにおいて恋愛は、一二世紀に「発見」されたものである。

この恋愛の成立事情について、有地亨はつぎのようにいう。

日本では、少なくとも明治以前には「恋愛」という概念は存在しなかったとされる。『古語辞典』（岩波書店、一九七四年）によれば、「恋ひ」とはひとりの異性に気持も身もひかれるという意味で、奈良時代には受身で使われており、また、「愛し」も愛欲にふけるという意味もあったようであるけれども、男（夫）が女（妻）を大切にして可愛がるということで、それ以上異性を求めるというような積極的意味をもたなかったとされる。明治になって、西欧の近代思想やキリスト教の一夫一婦制が導入され、西欧のラヴの翻訳語として「恋愛」なる語が作られた。『大日本国語辞典』では、ラヴに「恋愛」という言葉を当てるようになったのは一八八九年頃からで、異性を求めるという意味も明確になり、愛欲その他の要素も含まれてきたとする（『日本の家族』九二〜九三頁）。

日本で恋愛という言葉が造語されるまで「恋」とか「愛」とか「情」とか「色」という言葉はあったが、英語の（ロマンチック・）ラブ、つまり、一二世紀ヨーロッパで成立したような、肉体的結合以上のものとしての恋愛は存在しなかった。存在しなかったがゆえに、造語せざるをえなかったのだ。

そういうと『源氏物語』に書かれているのは、あれは恋愛ではないかといわれるかもしれない。だが、柳父章のいうように、伝統的な「恋」や「愛」が、心と肉体とを常に切り離さず一つに扱ってきたのと対照的に、恋愛は心と肉体とを区別して理解しようとする点で、まったく異なっていた。つまり、第4章で再度詳しくのべるが、「恋」や「愛」はほとんどセックスと同義であって、それ以上の精神的意味をもたなかった（『翻訳語成立事情』）。

よく知られているように、北村透谷は一八九二年に、「厭世詩家と女性」という評論を発表し、その冒頭で、「恋愛は人世の秘鑰《ひやく》なり、恋愛ありて後人世あり、恋愛をぬき去りたらむには人世何の色味あらむ」といって、恋愛をセックスよりも神聖視し、恋愛は人間が人生を賭けるのにふさわしいものであるとして、センセーションをまきおこした。しかし、有地のいうように、「透谷の恋愛は非常に観念化されたもの」であった（『日本の家族』九三頁）。

なぜ観念的にならざるをえなかったのか。西欧の恋愛とは、もともと「私」である個人が生まれ、個人と個人との関係において初めて成立したものだ。つまり、個人が存在しないところには恋愛も存在しない。日本では、individualを個人と翻訳したのが、一八八四年頃であったから、恋愛が輸入されたときに個人という言葉はたしかに存在したが、当然のことながら、実体としてのindividualがあったわけではない。

それゆえ、恋愛という概念がいわば空中楼閣のようになった。つまりきわめて観念化・理想化されたものとなったのだ。

それだけではない。村上信彦は、西欧の悲恋や失恋は当事者の悲劇であったが、日本の恋愛の悲劇の多くは当事者のものではなく、親や周囲の干渉によって成就しなかった悲劇として語られていると指摘する（『近代日本の恋愛観』）。日本では恋愛は、当事者同士の関係ではなく、親や「世間」との関係となる。第4章で詳しくふれるが、近年、恋愛において「世間」の「承認」が不可欠となっており、こうしたことはじつは、今でもあまりかわらない。

有地も、当時の恋愛についてつぎのように指摘する。

恋愛結婚は西欧とは違って容易に日本の精神風土になじまず、結婚の主流は見合い結婚であった。恋愛は個人の欲望や利益を優先させ、「いえ」や親族のことを顧みない結婚として軽蔑された。父親が息子の恋愛結婚を認めようとせず、その無効を主張して起こした裁判は数知れない。恋愛結婚は家長が「いえ」を維持するために腐心している努力を空しくするものとして、つねに物議を醸した（『日本の家族』九七頁）。

いま考えればまるで冗談のようだが、当時、父親が息子の結婚の無効について頻繁に裁判をおこしていたらしい。あとでのべるように、日本の「家」制度においては、民法上家長が絶対的な戸主権をもち、子どもの結婚に干渉することができたからである。

西欧において恋愛とは、個人と個人の問題であるから、当事者間の問題でしかない。だから恋愛の悲劇は、当事者間の悲劇にすぎない。ところが日本では、現在でもそうだといえるかもしれないが、恋愛は「いえ」と「いえ」の関係の問題、つまり、「世間」にかかわるような問題となった。だから恋愛の悲劇は、「いえ」や周囲とのあつれきによる悲劇となる。この場合「いえ」は、いわば「世間」の出先機関のようなものになっていて、家族にたいしてさまざまな強制や圧力をくわえるのである。

　そしてこの問題は、現在においてもなお、西欧の恋愛と日本の恋愛が同じものであるかどうかうたがわしい、という問題につながってゆく。あとでのべるように、現在でもなお日本の「世間」のなかには、individualとしての個人が存在しているかどうか疑問があるからだ。

「家」制度の確立

　明治政府は、富国強兵政策をとり資本主義の発展を促進し、対外的に不平等条約の改正をするために、近代国家としての法制度の整備を急いだ。とくに不平等条約の改正は、日本が国家として主権を回復し、諸外国との対等の立場にたって国際的に外交・取引をするために、火急の課題であった。

　そのために、各藩の固有の慣習が廃棄された状況のなかで、国内的にさまざまな統一法典をつくる必要があった。そのうち民法については、フランス人の法学者ボアソナードなどによって起草され、一八九〇年に公布されて、一八九三年から施行されることになっていた。

ところが、この民法にたいして、忠孝の倫常の本体である祖先尊崇の「家」制度を規定せず、平等主義のキリスト教にもとづくフランス法の影響がつよすぎるとして、「民法出デテ、忠孝亡ブ」(穂積八束)といった批判がまきおこった。この「法典論争」の結果、民法の施行は延期され、新たに民法が起草され、一八九八年に公布・施行された。「法典論争」をへて新たに制定された明治民法のなかで、家族法の基本線は、人間の対等な権利・義務の平等関係を規定する個人主義的・自由主義的な近代財産法とは異なるものとなった。つまり、江戸時代から連綿とつづいてきた「家」制度が、色濃く刻印されたものとなった。

有地亨は明治民法の性格について、つぎのように簡潔に整理している。

> この家族法で定められたものは、「家」制度であり、「家」制度は、戸主権と長男子の単独相続である家督相続を中心とする。戸主は「家」構成員の婚姻や縁組には同意権を

もち、それらの者の居所を指定する権利をもって干渉することができ、婚外子が入家するについても同意する権利をもった。夫権を認め、妻の無能力制度を定め、夫と妻とを不平等に置き、また、親と子の関係も親の子に対する権利を基調とする親権を定める。つまり、「家」内部の人間関係は戸主を中心に置き、対等な関係ではなく、上下に配置され、支配と服従の関係とされ、未成年の子だけでなく、独立で生計を営まない成年の子をも父の親権に服するとされた（『日本の親子二百年』五〇頁）。

「家」制度を基本とする明治民法は、〈夫―妻〉関係においては、夫に夫権があり、妻を無能力とする不平等な関係を規定する。いうまでもないが、ここに個人の存在を前提とする平等な関係はない。〈親―子〉関係においても、家長である戸主の絶対的な「支配―服従」の権利をみとめ、親権が未成年の子どもだけではなく、「家」構成員の成年の子どもにまでおよぶ。ここでも、子どもは大人と平等の個人とはみなされず、「支配―服従」の対象となっている。

このことが意味しているのは、「世間」における「身分制」が、家族内部にまで貫徹しているということである。つまり〈夫―妻〉においては、夫のほうが妻よりエライという

「身分制」が貫徹している。さらに〈親―子〉関係においても、戸主の親権は絶対であって、子どもは服従しなければならないという、「身分制」が貫徹している。

構成員にたいする絶対的な親権をみとめる「家」制度のもとでは、結婚は「家」と「家」との関係であり、相手方が自分の「家」と釣り合った「家」の子女であることが望ましく、親同士が子どもを「いいなづけ」として将来結婚させる約束をすることが多かった。子どもにとって自由な恋愛も、自由な結婚も、もちろん恋愛結婚も存在しなかったのだ。

ではこの「家」制度にもとづく明治民法上の家族は、輸入された近代家族とどのような関係にあったのか。さきに整理したように西欧の近代家族の特徴は、第一に、私的領域と公的領域の分離、第二に、性的役割分業＝家父長制、第三に、家族構成員相互の強い情緒的結合であった。

第一の、私的領域と公的領域の分離という点では、家族のなかに「世間」という公的領域の原理である「身分制」が貫徹しているわけだから、私的領域と公的領域が完全に分離されているとはいいがたい。それは「家」が、「世間」のいわば出先機関のようになっていて、「世間」と家族を架橋するものとして、この二つの領域の明確な分離をあいまいにしているからである。

すなわち、西欧では家族と分離された公的領域として社会が存在し、家族と社会は原理的に対立するが、日本においてはsocietyを社会と翻訳したものの、社会という人的関係の輸入には失敗した。「世間」には私的領域と公的領域の明確な区別がないために、近代家族の前提とする私的領域と公的領域の分離が存在しないのである。

第二の、性的役割分業＝家父長制については、「家」制度においては、家族構成員にたいする戸主の絶対的な権利がみとめられるから、その意味では家父長制をとっているといえる。この性的役割分業については、第5章でふれるように、近代家族の最盛期であったと一応いえる、一九六〇年代の高度成長期における「核家族の安定期」に、母性愛神話とともに、むしろ強化された。この点で、「家」制度は近代家族の性的役割分業と親和性があったといえる。

第三の、家族構成員相互の情緒的結合であるが、近代家族の場合、〈夫―妻〉の関係においても、〈親―子〉の関係においても、individualたる個人の存在が前提となる。しかし日本の「世間」や「家」制度においては、そもそも個人の存在などありえないから、それを前提とする情緒的結合があるかどうか疑問がある。「家」において、ヘーゲルのいう「愛情原理」がつらぬかれたとは考えにくいからだ。

ところで周知のように、日本の「家」制度が近代家族とどのような関係にあるかについては、さまざまな議論がある。

たとえば落合恵美子は、近年の実証研究で、儒教にもとづく前近代的観念であると考えられてきた「良妻賢母」思想が、じつはヨーロッパの教育観の影響を受けて明治以降に生じた近代的観念であることが示されたり、家イデオロギーのプロパガンダとされてきた明治・大正期の修身教科書が、情緒性や親密さなどの近代家族的特性を密かに表現していることが明らかにされてきたと指摘する。

落合はこれらの業績が、「前近代的な日本文化の象徴とみなされてきた『家』が、明治以降には欧米とも共通する近代家族的な性格を備えたものとして再構築されてきたこと」を示しているという（『近代家族の曲がり角』五三頁）。つまり封建制度の名残と考えられてきた「家」制度にも、西欧の近代家族との共通の性格をもつ部分があったという。

「家」が近代家族的な性格をもっていたかどうかについては、私はかならずしもそうだとは思わない。はっきりしていることは、「家」はかなりの部分で、近代家族の特徴とは異なる本質をもっていることである。それは、つぎにのべるように、日本の「家」が「世間」のいわば出先機関として、家族に介入するというかたちをとり、しかもその構造が「いえ」の意識として戦後ものこっていると考えられるからだ。

「世間」の出先機関としての「いえ」

日本の家族はそれゆえ、私的領域と公的領域の分離がなされていない。これが典型的にあらわれるのが、「子どもの不祥事」がおきた場合である。有地は、つぎのようにいう。

子が成年になった後でも、不祥事を引き起したような場合に、親がいれば、その親が常に社会的に責任を問われる、というのが今日でも日本の実情である。しかも、親が名望家の場合、社会的非難は不祥事を起した当の子ども個人よりも親に対して向けられ、親の社会的地位が高ければ高いほど、批判は厳しいという奇妙な現象がある（『日本の親子二百年』九〇頁）。

こうのべた後で、有地は、大正末期におきた興味深い心中未遂事件を紹介している。一九二五年六月に、K男爵の長男（31）が、赤坂の芸妓（22）と中禅寺湖で投身自殺をしようとし、相手は死亡したが、自分だけ死に切れず、かみそりでのどをかっ切って苦悶中に船頭に救出された、という事件が起きた。長男は東大を卒業し、某商社に就職したのち実業家の娘（24）と結婚し、二人の間には男の子（1）がいた。

父親のK男爵は爵位を返上し、貴族院議員、慶大医科学長、日本医師会会長などの一切の公職を辞し、今後一介の医師として過ごす決意をしたという。そのさいに、「不肖な息子Aの行跡に関しては、世間に対してなんとも申し訳ない。いまはなんと罵られても嘲られても一言の返す言葉もない」と語ったという。最終的にこのケースでは「世間」から同情が集まり、学生の留任嘆願などもあって大学への辞表は撤回されたそうだ。

有地は、親が「世間」にたいしてこうした責任のとり方をしなければならないのは、「家」制度に問題があるという。

このような親に加えられる非難は、「家」制度では、「家」の個々の構成員の行為についての責任は「家」全体の責任であり、とりわけ、「家」の代表者である家長＝戸主に

> よって問われるということになるのかもしれない。したがって、このような連座の考え方は、近代法で、親と成人になった子とは責任の主体は別個であると立法された後でも、社会では公然とまかり通ることになる（同書、九〇頁）。

「世間」は家族の外部にあって、家族をとり囲んでおり、家族に介入する。「いえ」は、家族にとって、いわば「世間」という中央官庁の指示を忠実につたえる出先機関のような役割をはたしている。その指示の内容は、家族の行動について「世間体が悪い」だの「世間が許さない」だの「世間では通用しないぞ」といった注文をつけるものとなる。

そして「世間」は、不祥事をおこした個人の責任のみならず、「いえ」全体の責任を追及しようとする。有地のいうように、この構造は、個人責任・自己責任を基本とする近代法ができた後も、変わらずにのこったのだ。

家族はつねに「世間」から批判されないように、不祥事がおきたようなときは、ただちに「世間」にたいする謝罪を迫られる。すでに大正時代にこうした責任のとり方がふつうのことになっていたことは、きわめて興味深い。第6章で詳しくふれるが、このような家族の縁座・連座的な責任のとり方は、現在でもなお消滅していないからである。

いずれにせよここで大事なことは、戦前、戦後をつうじて「いえ」制度のもとにあった日本の家族が、「世間」という〈共同幻想〉にとり囲まれ、つねに侵食を受けてきたという事実である。

日本の家族は「世間」の侵食にたいして、個人が存在しないために「愛情原理」で対抗することができない。これは「愛情原理」をもって社会に対抗・対立できる西欧の近代家族とは、まったくちがう。ちがうという点では、現在においても状況はあまりかわらないといえる。

一九七五年――近代家族「解体」元年

明治民法は第二次世界大戦をへて、一九四七年に廃止された。それにかわって、男女不平等の制度を廃棄し、個人の尊厳と両性の本質的平等をかかげる現行民法がつくられた。この家族法では、〈夫―妻〉の関係と〈親―子〉の関係を中心とする近代家族が、理想型として想定された。

落合は、「日本では大正時代、とくに戦間期に都市部の中産階級に近代家族が成立したが、それが大衆のものとなるのは第二次世界大戦後のことであった」という（『近代家族の曲がり角』五三頁）。日本における戦後とは、近代家族の時代のはじまりであると一応いってよい。

　では、第二次世界大戦後本格化した近代家族は、日本にどのように定着していったのか。芹沢俊介は、ひとりの女性が一生の間に何人の子どもを生むかという合計特殊出生率の変化を手がかりに、戦後の日本の家族の変容を分析する。

　戦後に日本の合計特殊出生率は、五〇年には四・五で、五五年までは高水準を維持してきた。つまりひとりの女性が一生の間に、平均四、五人の子どもを生んだ。芹沢は、このときの家族を、複合した世代が同居しているという意味で「多世代同居型」とよぶ。

　ところが、五五年ごろを境として数値が下がりはじめ、それからはほぼ二〇年にわたって二・一という数字を上下して推移してゆく。これを夫婦一組の核家族が中心になっているという意味で、「単世代同居型」とよぶ。この二〇年間は核家族の「安定期」であるといえる。

　問題なのは、七五年を境にして二・一という数値がどんどん下がりはじめたことである。これを芹沢は、夫婦がそれぞれお互いの個別性を尊重しながらパートナーを組んでいくという意味で「個別―同居型」の家族がはじまったと考える。ここで、それまであった家族（対）を第一義と考えるという考え方から、「個」「自分」を第一に考えるという変化があったという。

一九五五年から七四年くらいの二十年間は家族論的にいうと、単純に夫婦がちょうど自分たちを再生産できる二人という人数しか子どもが生まれていないことになります。今は一・四三くらいの数値になっていますけれども、そうなってくるともう夫婦が夫婦を再生産することができません。なぜそうなってきたかと言うと、一つは家族的な価値というものよりも、自分の価値、自分の生き方、〔略〕「自分探し」を優先しているからです。異性を求めて結婚して子どもを産むよりも、自分とは何なのか、どこから来てどこへ行くのかを探す方がずっと大切なんだというふうに価値観が動いたときに、家族的な価値は自己価値に優先権を譲っていくことになります。当然合計特殊出生率は下がらざるを得ないわけです。これが実は七五年以降に我々の社会で起きたことになります（『「オウム現象」の解読』一〇一～一〇二頁）。

合計特殊出生率の変化を近代家族との関係で考えたとき、日本の家族が、芹沢のいう「単世代同居型」から「個別―同居型」へ変わる七五年というのが、きわめて重要なターニング・ポイントとなる。

なぜなら、近代家族とは、ヘーゲルのいうように、〈夫―妻〉の間の〈対幻想〉、つまり「愛の原理」を中心に形成されたものであり、そこに「個」や「自分」といった〈自己幻想〉の価値が入り込むということは、近代家族そのものの「解体」を意味するからである。

山田昌弘も、「非婚化」と「晩婚化」がはじまった時代であるとして、七五年がターニングポイントとなっていることを指摘する。

> 一九七五年まではほとんどの人が結婚していただけではなく、結婚年齢のばらつきが少なかった、つまり、だいたい同じような歳、二十代半ばに結婚していました。これに対し、七五年以降、たしかに平均初婚年齢は上がってきています。それが晩婚化と呼ばれるゆえんですが、一方で、二十代初め、あるいは十代の**「できちゃった婚」**も増えています。
>
> つまり、結婚が、みんな一斉に同じような年齢でするという画一的なものではなくな

> ってきているのです。統計的に見て**結婚年齢がばらつき始めた**のです。ばらつき始めているなかで、全体的には平均して遅くなっている。これが、**一九七五年を節目**に起こっていることのポイントの一つです（『「婚活」時代』一六頁）。

ようするに七五年までは、結婚は画一的なもので安定したものであった。言いかえれば、日本において近代家族は、五五年から七五年ぐらいの「単世代同居型」の時代、すなわち核家族の「安定期」に、最盛期をむかえていたと一応いえる。

この最盛期を迎えた近代家族とは、落合にいわせれば、「無垢でかわいらしい子供、家の外に働きに出て一家を養うに足るだけの給料を獲得してくる頼り甲斐のある父（夫）、家庭にあって愛情を込めて夫と子供の世話をする母（妻）。専業主婦は、まさに近代化の産物である」というイメージになる（『近代家族の曲がり角』一五六頁）。

ところで落合は、歴史人口学の研究から、日本では一九五〇年代半ばにはじまり、七〇年代半ばまで続く「家族を単位とする社会」（第一の人口転換）と、七〇年代以降の「個人を単位とする社会」（第二の人口転換）に分けられるという。

とくに七〇年代の変化は、「婚姻の公的意味付けの消失、子供や配偶者を持たないライフコースの一般化など、家族に属するということが人々の人生にとって自明でも必然でもない社会の到来を指し示しているように思われる。これはちょうど第一の人口転換により成立したシステムの否定である」という（同書、一三六〜一三七頁）。

　これが、山田のいう「非婚化」「晩婚化」としてあらわれ、結婚年齢のばらつきとしてあらわれたのである。

〈夫―妻〉のいない家

　近代家族の「解体」の背景には、日本の高度資本主義＝高度消費社会への突入がある。そのことはあとで詳しく指摘したいが、そもそもここで問題なのは、日本において五〇年代から七〇年代の約二〇年間に近代家族がほんとうに成立していたのか、ということである。

　じつは、日本において近代家族は、七〇年代に「解体」される以前に、すでにあらかじめ「世間」による侵食を受け、本格的に成立しないままに、「解体」していったのではないか。

面白い話がある。近代家族の最盛期であったと考えられる一九七一年に、東京・文京区で「家庭のイメージ」についての調査が夫婦を対象におこなわれた。その結果によると、夫は「生活に欠くことのできない便利な場所」、妻は「夫や子供を憩わせる所」を過半数が選び、「夫婦の愛情を育てる所」（七パーセント以下）や「人間として磨きあえる所」（一四パーセント以下）は、少数であったという。

これを分析した桜井陽子／桜井厚は、つぎのようにいう。

> この調査結果は、戦後の価値観の変化によって、家庭が夫婦という対関係をもとにした家族成員相互の接触頻度の高い、プライヴェートな領域として成立することが目指されていたにもかかわらず、夫婦ともにプライヴェートな関係を表現する愛情や人間性を家庭に求めているのではないことを物語っている。家庭は「便利な所」や「憩わせる所」という生活の手段であって、生活の目的とは見なされていないのである。西欧近代が育んだロマンティックラブ・イデオロギーは、核家族という家族形態を同じくしても、家族集団で見るかぎり浸透していないのである（『幻想する家族』九八頁）。

これは、近代家族とは似て非なるものである。この調査は、四〇年以上も前のものであり、現在同じ調査をやったらべつの答えになるとの反論があるかもしれない。しかし、その後におきた家族の「解体」という現象を考えれば、この調査が近代家族の最盛期（であるはず）に行われたことの意味は重要である。近代家族が定着したはずの時代の家族像において、〈夫―妻〉の間の〈対幻想〉がきわめて希薄なために、家族はたんなる「居心地のいい場所」にすぎない。

桜井／桜井はさらに、「妻のいう『いい夫』とは、妻子のために一所懸命働く、頼めば家事をやる、給料をちゃんと運ぶ、子供にやさしい等々というところに落ち着くようである。ここには妻と夫、つまり女と男という直接的な対関係を云々する発想はなく、家族という共同幻想を支える構成員としてのイメージが支配的である」（同書、一二三頁）という。

現在でも、たとえば過労死した夫の労災の適用を訴えて、記者会見で妻が語るような場合、「家族思いのいい夫だった」とか「子ども思いのいい父親だった」という言い方がしばしばなされるが、「自分を愛してくれたいい夫だった」という言い方はまずしない。これは現在でも家族の基本が、家族集団といういわば〈共同幻想〉にあることを物語っている。

くどいようだが、これは、近代家族とはまったく似て非なるものである。

いったいなぜ日本で近代家族が成立しなかったのか。前にのべたように、「いえ」とは家族にとって、「世間」の出先機関のようなものであり、これが「世間」の家族への侵食を可能とした。戦後、法制度としての「家」は消滅したが、じつは「世間」の出先機関としての「いえ」は家族のなかに内面化されてのこってきたのではないか。

西欧近代社会においては、プライベートとしての家族とパブリックとしての社会が分離された。これが近代家族の特徴としての、私的領域と公的領域の分離である。ところが日本の場合、公に属する国や企業が、私に属するはずの家族の原理で運用されてきたために、公＝国・企業と私＝家族の分離があいまいなままとなった。国民が天皇の赤子であったり、社長が従業員の親となる経営家族主義とよばれるものがそうである。

とくに経営家族主義は、年功序列と終身雇用にもとづく日本型の雇用制度から生み出されたものであり、持ち家制度や社員旅行などの社内福利厚生の充実によって、会社が社員の生活全般を丸抱えするものである。ここでは、社長が、結婚記念日に社員の妻に花束を贈ったりするように、社員のプライベートな領域に会社が介入するというかたちで、公私の分離があいまいものとなっている。

桜井／桜井は、日本における「公」と「私」の構造について、つぎのように指摘する。

共同体に代わって近代が用意した企業社会は、家族のなかの夫という企業戦士をその構成員として依拠させるだけでなく、夫を通してその家族をも取り込む構造をもつ。それが日本における「公」と「私」との関係であった。夫は企業の「公」に対して、妻はより下位の家族の「公」に対して、それぞれ「私」の立場で貢献するのである。これが日本の産業化における企業と家族の相互的な関係の原点であった（同書、一六～一七頁）。

戦前の天皇制ファシズム体制のなかでは、国という「公」にたいして、「私」としての国民が滅私奉公を強いられた。戦後、国にとってかわったのは企業や会社であり、「公」としての企業や会社に、「私」としての家族が滅私奉公する構造が生まれる。さらには、この「公」である家族にたいして、「私」であるその構成員が滅私奉公する。

桜井によれば、夫は家族の代表者として、企業や会社にたいして私を捨てて奉公する。妻は、家族内の実質的な代表者として家族に私を捨てて奉公することになる。ここでいう企業や会社はひとつの「世間」といってよいから、国、「世間」、家族、個人の間の滅私奉公の構造は、つぎのようになる。

国（公）――（私）「世間」（公）――（私）家族（公）――（私）個

戦後は相対的に国の強制力は弱まっているから、ここで問題になるのは、「世間」と家族と個である。「世間」は、「世間」のソトにたいしては、ウチとしての「私」となるが、ウチの構成員にたいしては「公」となる。日本の家族はこれと同じ構造をもっていて、ソトにある「世間」にたいしては「私」であるとともに、ウチにある家族の構成員の個にとっては「公」となる。

つまりここには、「世間」が生み出す滅私奉公の構造が、そのまま家族内部にもちこまれている。さきほど例としてあげた「家族思いのいい夫だった」という言葉は、「公としての家族に滅私奉公してくれたいい夫」をさしていると考えなければならないのだ。

ところで欧米では、ビジネスやパーティなど「公」の場所に行くときに、夫婦同伴であることが求められることが多い。これは、第5章でふれるように、家族の基本が〈夫―妻〉関係にあるとみなされているため、社会においては夫婦単位で行動することが要求されるからである。ここにあるのは、社会という「公」の原理からはっきり分離された、〈夫―妻〉の「私」的な「愛情原理」であり、家族そのものが「公」として滅私奉公の対象となっているわけではない。

逆に日本では、ビジネスのような「公」の場所に出るようなときに、夫婦同伴を要求されることはあまりない。妻はあくまでも表に出ないで、仕事をしている夫を陰ながら支えるという差別的な性的役割分業、つまり男女の間の「身分制」が「世間」に貫徹しているからである。

以上のように、「家」制度が廃止された戦後においても、「公」としての「世間」は、「いえ」という出先機関をつうじて、「私」としての家族を支配している。この支配を容易にしているのが、日本の家族における「公」と「私」の独特の関係である。

第1章であげた夫婦茶碗のような事例は、一見きわめて些細な問題のようにみえるが、「公」としての「世間」の「身分制」の考え方が、「いえ」をつうじて、「私」としての家族の〈夫―妻〉関係の内部に貫徹していることを示している。この差別的関係は、いわば家族の無意識として、家族の構成員のなかに深く内面化されているために、これを言説化し、対象化するのがきわめて難しい。

第3章

商品化される家族——家族の「解体」という言説

高度資本主義＝高度消費社会の登場

この章では、ここ数年のスパンで家族が現在のかたちにいたるまでの変遷をみてみよう。すでにのべたように、日本の家族にとって一九七五年が重要なターニング・ポイントとなっている。それは端的にいって、近代家族の「解体」がはじまった時代だということである。それが日本で本格化するのは八〇年代であり、この変化の根底にあったものは、日本における高度資本主義＝高度消費社会の登場である。

なぜ家族が「解体」されたのか。山崎哲は、以下のようにいう。

私たちの近代市民社会はその第一段階において、「外部」である伝統的な村落共同体を食いつぶすことによって成長し、第二段階においては、植民地を市場とすることで太ってきたといえる。社会のいわゆる都市化と戦争の時代だが、この間、学校と家族はいわばその後衛として大事にされてきたのだといえる。が、それらをあらかた食いつぶしてしまったとき、市民社会は内部にある唯一の外部、つまり「家族」と「学校」を市場化するほかに道がなくなってしまったのである（森毅『学校ファシズムを蹴っとばせ』「解説」二一九頁）。

商品経済＝市場経済が際限なく拡大することによって、それまで市場の関心の外にあった学校や家族がその射程に入れられることになった。とくに「愛情原理」で結ばれている家族のなかに経済原理＝市場原理が侵入することによって、近代家族の前提がこわれていったのである。

これは学校においては、たとえば業者テストの導入によって、いわば先生手作りの教材がおカネで買えるようなものに変化する。家庭においては、たとえばさまざまな家電製品の普及が家事労働を軽減することになるが、それにはおカネが必要である。つまりおカネが主役となってゆく。それはいい悪いの問題というよりも、商品経済の拡大そのものが必然的にもたらした結果であるといえる。

馬場宏二は、家族がある限度をこえて商品化してしまった事態を、「過剰商品化」とよんでいる。

> 主婦の職場進出や、それに対応した家事労働の外部化は、明らかに商品化の進展である。離婚は共同体的関係の商品経済への還元であるが、現代ではさまざまな理由で急増している。むろん再婚すれば共同体的関係が再編されるわけだが、それが繰り返されれば、再編共同体の中に商品関係がヨリ強く刻印される。ことに、児童の養育つまり労働力の世代的再生産にとっては不安定要因となる。代理出産となると、人間の素材的再生産の商品化であり、臓器売買は身体部品の商品化だから、ここまで来ると労働力商品化の限度を越えた、人間そのものの商品化に近くなる。〔略〕こうして、過剰商品化には、労働力の商品化にとって商品化が必然でなかった生活領域での商品化の進展という意味と、具体的には明示しがたいが、労働力商品化を越えた人間自体の商品化という、いわば限度を越えた状態という認識とが重なる（「過剰効率社会というとらえ方」二八九〜二九〇頁）。

ここで馬場が「過剰商品化」といっているのは、もともと商品化が必然ではなかった生活領域に、商品化が進展していったという意味である。つまり、従来商品化しえないと考えられてきた「愛情原理」で結ばれた家族が、限度をこえて商品化されてしまったことを示している。つまり家族という〈対幻想〉に、経済原理＝市場原理という〈共同幻想〉がかぎりなく浸食していったのだ。

日本における高度資本主義＝高度消費社会の成立とは、こうした商品化が必然ではなかった領域まで、経済原理＝市場原理に覆いつくされることを意味する。このことは、夕食献立の出前、ほっかほっか亭などチェーンの弁当店、ファミリー・レストラン、コンビニ惣菜の市場拡大などの外食産業の肥大化が、愛情原理を象徴する「家庭の味」を消滅させていったことを考えればわかる。

「家族の解体」とよばれる事態は、八〇年代に本格化する。たとえば一九八〇年に、若い女性が集団失踪した「イエスの方舟事件」や、当時二〇歳の予備校生が、両親を金属バットで殺害した「金属バット殺人事件」のさいに語られた「家族の解体」という言説が、それを象徴している。

もちろん高度資本主義＝高度消費社会への突入という事態は、とくに先進工業国では共通の現象である。ヨーロッパでも近代家族が定着したのが一九世紀から二〇世紀はじめであったが、出生率の低下、離婚率の上昇、事実婚の増加、婚外子出生率の上昇などによって、一九六〇年代ぐらいからやはり「家族の解体」が語られ始めている。

しかし、現在でも、一部のエリートはべつとしても、職場の終業時間になったら家に帰り、家族と夕食をともにしたり、自家製のピクルスをつくったりするのをみていると、欧米では依然として近代家族の「愛情原理」が、強固に存在しているように思える。言いかえれば、市場経済という〈共同幻想〉に対抗しうる、家族という〈対幻想〉が確固として存在している。

これにたいして、日本の家族は、なぜこれほどまでにやすやすと商品経済の原理を受け入れてしまったのか。それは、日本では近代家族は、「いえ」を出先機関とした「世間」による侵食を受け、つねに「解体」の圧力に晒されていたと考えるしかない。つまり近代家族は成立する前に、すでに「解体」していたのだ。

八三年におきた「隣人訴訟」は、それを鮮やかに示している。これは、隣に住む家族に子どもを預かってもらっていたが、預かった家の両親が目を離したすきに、子どもが近くのため池で溺れてしまったという事故で、注意義務違反として子どもの親が隣の家を訴え、裁判所で五二六万ほどの損害賠償がみとめられたものであった。

これだけなら珍しくない事故だったのだが、問題は、それが報道されるや、訴えた原告の家にいやがらせの電話や手紙が集中し、結局、原告・被告ともに訴えを取り下げざるえなくなり、判決が白紙になったことである。

こうした「世間」によるバッシングは、「好意で預かってもらっていたのに、隣人を訴えるなんてとんでもない」というものだった。「世間」では、権利とか人権という西欧近代に形成された理念は、まったく通用しない。つまりここでは、伝統的な「世間」のルールのほうが、近代的な法概念を凌駕している。同時に家族は、近代家族として成立しないままに、家族を守る強固な〈対幻想〉をもっていないために、「世間」という〈共同幻想〉のバッシングに対抗のしようがないのだ。

「世間」から批判を受けたら、それがいかに理不尽なものであっても、ただそれにしたがうしかない。日本の家族においては、「いえ」を出先機関とする「世間」が内面化されていて、みんな「世間を離れては生きてゆけない」と思っているからだ。

資本主義の「中世」化

一九九〇年代以降、日本では、資本主義があらたな「中世」の時代に突入することによって、さらに家族の「解体」が進んだ。では、この資本主義の「中世」化とはいったい何か。

日本は、一九七〇年代はじめに高度経済成長の時代を終え、七〇年代半ば以降徐々に、八〇年代以降本格的に、高度資本主義＝高度消費社会に突入していった。すでにのべたように、まさに合計特殊出生率が下がり始め、家族が「個別―同居型」に変わってゆく七五年が、日本の家族にとってのターニング・ポイントになっているのは、こうした変化が背後にあったからだ。

そこでは、飯田経夫のいうように、マイクロ・エレクトロニクス革命（ME革命）を背景として、一八／一九世紀のイギリスの「第一産業革命」、二〇世紀初頭のアメリカの「第二次産業革命」につづく、「第三次産業革命」として位置づけられるような、未曾有の産業社会の発展があった。八〇年代終わりの日本の「バブルの時代」とは、まさにこの「第三次産業革命」の勃興がひきおこしたものにほかならない（「日本は『経済大国・政治小国』か」)。

ところが、じつは高度経済成長を終えた七〇年代後半以降、日本ではひそかな、しかし決定的な変化が生じていた。小沢雅子はいう。七〇年代後半以降、資産格差の拡大により、消費形態が経済力の大きな階層と小さな階層に分化し、前者は消費の高級化を、後者は消費の量を確保するための価格志向をつよめている。また若者の職業や居住地にたいする選択の幅がせまくなり、職業や居住地の「世襲化」がすすんでいる、と(『新「階層消費」の時代』)。

「階層化」にしても「世襲化」にしても、どこかで聞いた話である。二〇〇〇年代以降言説化されるようになった「格差社会」とは、すでに七〇年代後半に準備されていたことになる。分厚い中間所得層が存在し、平等意識がきわめてつよかった高度経済成長の時代から、格差がロコツにみえる時代への転換は、第1章でふれた「共通の時間意識」という「人間平等主義」をもつ日本人に、きわめて大きな影響をあたえることになった。

九〇／九一年の「バブルの崩壊」によって、それまで背後に隠れていた資産格差の拡大や「世襲化」が、時代の前景にあらわれて、それが社会の流動性をうしなわせ、社会階層をますます固定化させ、「世間」の「息苦しさ」をつよめることになった。

一九九〇年代には日本の資本主義は停滞期をむかえる。それを私は、社会が固定化し、新たな身分秩序が生まれ、何も新しいものが生み出せなくなったという意味で、資本主義の「中世」化とよびたいのだ。

たとえばさきに紹介したオングは、現在大規模におきている変化を、「二次的な声の文化」とよぶ。すなわち、文化の伝承が中世においては、会話、つまり「声の文化」によっておこなわれたが、それが一二世紀ごろには、印刷術の普及などによって、「文字の文化」に徐々にかわった。

ところが、電信機など電子的通信手段の普及によって、二〇世紀初頭ぐらいから「文字の文化」が衰退しはじめ、今日では電話やテレビやパソコンなど電子メディアの普及によって、映像や「声」による文化の伝承が復活しているという。これが「二次的な声の文化」である（『声の文化と文字の文化』）。

七〇年代から八〇年代にかけては電話やテレビが普及し、九〇年代にはいってインターネットが本格的に普及するのは「ウィンドウズ95」以降、ケータイの本格的普及はそのあとの二〇〇〇年代半ばのことである。が、いずれにしても、「文字の文化」が衰退し、みんな本を読まなくなり、それにかわって映像や「声」が文化の継承の中心となったという点では、これも新たな「中世」が生まれていると考えてよい。

子どもが「小さな大人」になった理由

この資本主義の「中世」化のなかで、家族のなかに生じたのが、子どもの「小さな大人」化である。その理由はふたつある。

前にのべたように、八〇年代以降に高度資本主義＝高度消費社会が成立した。そこでは家族や学校をもまきこむかたちで、外部の経済原理＝市場原理が席巻する。それによって、「愛情原理」をもつ家族が「解体」される。つまり家族のなかで、その構成員である子ども、商品経済にまきこまれることになる。とくに日本では少子化の影響もあって、子どもにおカネをかけるポケットがふえ、教育投資を増大させ、子ども自身も多額のおカネをもつようになった。

市場経済にとって、おカネさえもっていれば、大人と子どもを区別する理由は何もない。お店にとっては、大人と同じ立派な「お客さま」なのだ。おカネをもって消費行動をする子どもは、すでに「子ども」ではなく、身体は小さいが大人と同様の「小さな大人」となる。

近年「いじめ」による自殺が、深刻な社会問題になっているが、被害者が金銭要求をされていたケースが少なくない。これで思い出すのは、九四年におきた「愛知いじめ死事件」である。

中学二年の男子生徒（13）が、同級生などからありとあらゆる「いじめ」を受け、自殺に追い込まれた。そのなかで、多額の金銭を要求され、脅し取られたおカネの総額が、一一四万円だったことが明らかになっている。おカネは家からもちだしていたもので、母親あてに「借用書」を書いていたために、これがわかった。

いじめたグループは、近くのカラオケ店に通い、特上すしの出前を頼むなど「豪遊」をしていたらしい。こうなると中学生のクセして発想がまるでオヤジで、あぜんとする。「いじめ」類似の行為は昔からあったのだが、八〇年代後半ぐらいから「いじめ」の質が変わったことを背景として、それを明確に「いじめ」として言説化する視点が確立された。こうした多額の金銭要求は、それまでとは異なって、子どもが市場経済や消費経済に完全にまきこまれていることを示している。

「いじめ」の変化の大きな理由は、経済原理＝市場原理の席巻や「過剰商品化」によって、子どもが「小さな大人」として行動するようになったことにある。

もうひとつの理由は、文化の伝承が「声」によっておこなわれるようになったことである。すなわち、オングのいう「二次的な声の文化」の成立である。前にのべたように、ヨーロッパ中世において、子どもは八歳ぐらいから「小さな大人」としてあつかわれた。その理由は、自由に読み書きできなくとも、大人と自由にしゃべることができる年齢だからだ。つまり文化の伝承が「声」によっておこなわれたからだ。

つまり子どもは、主要には、それまで「文字」によって社会全般の情報を得ていた。ところが、高度資本主義＝高度消費社会の実現にともなう電子メディアの普及によって、家庭のなかにいても、外部の情報を、自在に得ることができるようになった。

その結果、かつての中世の時代のように、文化の伝承が「文字」ではなく映像や「声」でおこなわれるようになり、この映像や「声」が理解できれば、大人とみなされることになった。いま子どもは、三六カ月ぐらいですでにテレビの内容を理解できるそうだから、きわめて早い時期から大人になることになる。

かつて固定電話しかなかった時代は、親たちは、子どもにかかってきた電話を受けることによって、子どもがだれとつきあっているのか、何を考えているのかが、ある程度理解できた。しかしインターネットやケータイの普及は子どもを「小さな大人」に変え、親たちは、子どもが何を考えているのかが、さっぱりわからなくなった。

N・ポストマンは近年の児童虐待の増加の原因を、子どもを保護が必要な弱者とみなさず、「小さな大人」として考えるようになったためだと指摘する。ポストマンはいう。「子どもたちを、知的にも感情的にもまだ十分制御できない、半人前の弱点の多いものと見るかぎり、正常な大人はけんかのしかえしにかれらをなぐったりはしない」と（『子どもはもういない』一九九～二〇〇頁）。

たしかに、子どもは小さくてか弱いがゆえになぐられてきた。しかし近年は、弱者とはみなされないためになぐられるのだ。つまり、子どもにたいして親が本気でキレるようになっている。子どもが何を考えているのかわからなくなっていることも、それを促進している。それは子どもを、子どもとみなしていないからである。

子どもは「小さな大人」とみなされるようになったために、暴力をふるわれることになったのだ。このことが、まさに家族の「解体」といえる児童虐待の増加の大きな要因となってゆくのである。

子どもの世界の「プチ世間」化

資本主義の「中世」化のなかで、家族のなかに生じたもうひとつの変化がある。子どもの世界の「プチ世間」化である。

高度資本主義が加速する一九九〇年代半ばぐらいから、子どもの世界と大人の世界が地続きとなり、それまでは大人の「世間」とは相対的に独自性をもっていた子どもの世界が解体し、小さなグループを中心とする「プチ世間」化が生じたのである。

これは子どもが大人と同じ「世間」に住むようになり、大人と同様の「世間」のさまざまなルールに縛られるようになった、ということである。たとえば、近年の子ども同士の誕生日プレゼントへの過剰な配慮は、「贈与・互酬の関係」そのものである。たしかに誕生日プレゼントは昔からあるのだが、最近のそれにたいする神経症的ともいうべき気のつかい方は、それまでみられなかったものである。

私がそのことに最初に気づいたのが、一九九三年におきた「山形マット巻きいじめ死亡事件」である。この事件は、中学一年の男子生徒（13）が学校でくり返しいじめを受けていたが、ある日「瞬間芸」を強要され、これを拒否したために、体育館の用具置き場にあった体操用マットに逆さに押しこまれ、窒息死したものである。

奇妙に思ったのは、この生徒が小学校を卒業するさいに父親にあてた作文だった。そのなかで、「中学はどういう世界なのか。あまりめいわくをかけないようにしたい」と書いてあった。小学生が「めいわくをかけたくない」といっているのだ。大人といえばひどく大人びているのだが、いったいだれにたいして「めいわくをかけたくない」といっているのか。それは、彼を取りまく「世間」にたいしてではないのか。

この事件では、生徒の父親が「よそ者」であって、周囲から「アガスケ」（生意気）だとみられており、学校での生徒への「いじめ」が、この親への評価といわば相似形でおきている。完全に大人の「世間」と、子どもの「プチ世間」が地続きとなっているのだ。

それがきわめて衝撃的なかたちであらわれたのが、小学六年の女児（11）が、校内で同級生の女児をカッターナイフで切りつけて死亡させるという、二〇〇四年の「佐世保小六女児同級生殺害事件」である。この事件で最も不可解だったのが、加害者・被害者の女児が日頃「仲がいい」とみなされていて、なぜ殺害という重大な結果を引き起こすような事態にいたったのかが、さっぱりわからないことだった。

土井隆義は、現代のいじめは「やさしい関係」の産物であり、子どもたちはみずからの存在を安泰にするために、関係性のなかですくみあい、その反動として集団規範への過剰同調を強いられているという。つまり「学校では、ほとんど毎日、友だちに気を遣ってなくちゃ生きてゆけない」状態だという（『「個性」を煽られる子どもたち』二〇頁）。「世間」では、individualたる個人が存在していたために、人間関係が相互依存的でベッタリとしたものになりすい。子どもの世界が「プチ世間」化したために、大人の「世間」と同様に、子どもも「世間」のさまざまなルールに縛られることになった。「やさしい関係」というのも、「集団規範への過剰同調」というのも、「気を遣う」というのも、全て大人の「世間」においては守らなければならないあたり前のルールである。

　そうしたなかで子どもたちの間で、人間関係に由来する、ひどいストレスがおりのように蓄積していることは容易に想像がつく。佐世保の事件の背景には、こうした子どもの世界の「プチ世間」化による、人間関係相互のあつれきの増大があったことをみておく必要がある。

　子どもの「小さな大人」化は、家族の〈親―子〉の関係に重大な変化を与える。家族のなかにおける〈親―子〉の関係とは、「愛情原理」で結ばれていなければならない。これが近代家族の原則であった。だから、子どもが「世間」に生きるようになるということは、子どもの側から〈対幻想〉としての家族のなかに、「世間」という〈共同幻想〉をもちこむことになる。

ここで、注意しておかなければならないことがある。子どもの「小さな大人」化とは、けっして家族の「個人化」ではない。「家族の解体」とは、家族構成員が「個々バラバラ」になり、「家族の絆」が弱まり、「個人化」することだといわれるが、日本の〈親―子〉の関係は、「いえ」制度が内面化されているために、「支配―服従」関係となっている。第5章で詳しくのべるが、そのために母子心中や一家心中が頻発する。

それは子どもが親にとって一個の人格として、つまり個人ととらえられず、処分可能な所有物とみなされているからである。なぜなら、「世間」のなかでは「共通の時間意識」があるため、個人が存在しないからである。

だから、子どもの世界の「プチ世間」化は、親が子どもを人格をもつ個人とみなすようになるのではなく、むしろ逆に、「世間」の出先機関としての「いえ」意識をつよめ、「支配―服従」関係をつよめる方向にはたらく。まさに家族の「解体」といえる母子心中や一家心中を、抑止する要因とはならないのである。

それゆえ「バブルの崩壊」以降の資本主義の「中世」化にあって、日本の家族は「解体」という方向にますますつき進んでいったことになる。第2章で指摘したように、ヨーロッパ中世の家族は、親族や召使や友人がごっちゃになって出入りし、街路の生活と区別がつかず、私的領域と公的領域が分離していなかった。言いかえれば、〈対幻想〉（家族）と〈共同幻想〉（社会）が区別されずごっちゃになっていた。

高度資本主義＝高度消費社会の成立と資本主義の「中世」化によって、〈対幻想〉たる家族は、〈共同幻想〉である経済原理＝市場原理の侵食を受け、それらの区別があいまいなものとなり、子どもは「小さな大人」化している。家族が「解体」しているという意味では、この風景は、どことなくヨーロッパの「中世」に似ている。

排除の時代へ

さて、以上のように九〇年代を通じて、日本では近代家族が成立しないままに、おおむね家族の「解体」が進んでゆく。これが、芹沢のいう「個別―同居型」、落合のいう「個人を単位とする社会」の実現であり、つまり、家族が「個々バラバラ」になってゆく過程だ。

こうした状況を背景として、とくに九六年には、選択的夫婦別姓制度などを盛り込んだ民法の改正案が、国会に提出される。ちなみに、婚外子出生率の上昇などで一九六〇年代以降「近代家族の解体」が語られてきたフランスでは、九九年のＰＡＣＳ法（連帯市民契約）の成立で、事実婚をしているカップルに法律上、結婚しているカップルと同じ保護を与えた。

合計特殊出生率は、ターニング・ポイントとなった七五年以降下がりつづけ、〇五年には一・二六まで減少する。この年を底に上昇に転じ、〇八年には一・三七まで回復したが、その後は回復せずほぼ横ばい、一一年には一・三九となっている。なおＰＡＣＳ法を導入したフランスは、一〇年現在で二・〇である。さらに〇七年には、日本でも離婚率は欧米に並ぶようになり、結婚した夫婦のうちの三分の一は離婚するようになっている。

家族の「解体」がすすむ九〇年代以降だが、七五年に匹敵するような、きわめて大きなターニング・ポイントとなる年があった。一九九八年である。

山田昌弘も、この年を変わり目とみている。山田はいう。「日本社会において、希望がもてなくなる、つまり、努力が報われる見通しを人々がもてなくなりはじめたのが、一九九八年だと私は判断している。これを一九九八年問題と呼ぶことにしたい」と（『希望格差社会』二〇一頁）。

この年には、日本の実質GDP成長率がマイナス一パーセントとなり、二万二〇〇〇人前後を推移していた年間自殺者数が、突如三万人をこえる。年功序列、終身雇用の日本型経営は九七年あたりに崩壊し、フリーターの数が九九年に急増している。

また、家族においては、離婚、できちゃった婚、児童虐待、不登校の増加傾向に拍車がかかるのも、この年あたりからである。さらに〇一年におきた「池田小事件」のような二〇代、三〇代の男性がおこす、「自暴自棄型」犯罪が目立ってくるのもこの時期である。

山田は、こうした現象の原因は、「個人主義が進んだからでも、家庭が崩壊したからでもない。刑罰が軽いからでもない。苦労や大変さに耐える力（＝希望）がもちにくくなっているからなのである」という（同書、二二一頁）。

いったいなぜ、このような変化が起きたのか。背景にあったのはあきらかに、九〇年代以降のアメリカ型グローバル資本主義の全面化、すなわち全世界的な新自由主義の台頭である。日本ではすでに、九四年に出された経済同友会の「現代日本社会の病理と処方――個人を活かす社会の実現に向けて」において、新自由主義にもとづく規制緩和や構造改革の必要性が強調されてゆく。

日本ではこれによって、職場で成果主義が導入され、年功序列・終身雇用といった日本的経営が崩壊してゆく。とくにその後の〇一年の小泉政権の誕生によって、規制緩和や構造改革が叫ばれ、「自己責任」が強調されるようになった。派遣労働などの非正規雇用の増大が、人々に「希望」をうしなわせてゆく状況が生まれた。

さらに、刑事司法における厳罰化がすすんでゆく。犯罪率の上昇などの治安の悪化がなかったにもかかわらず、裁判の量刑において、二〇〇〇年ごろから死刑や無期懲役の判決が明らかに増加していく。また重罰化という点では、〇一年の刑法改正で危険運転致死傷罪が新設され、〇五年改正で、刑法の有期懲役・禁錮の上限が二〇年から三〇年に大幅に引きあげられた。さらに一〇年には、殺人事件などの重大犯罪についての時効が廃止された。

このような日本における新自由主義の台頭は、明治維新、戦後につづく「第三の開国」とよばれるほど大きな出来事であった。じつは、厳罰化の現象は、欧米の先進工業国においても七〇年代から顕著になっている。J・ヤングは、二〇世紀終わりの三分の一にはじまるこの時代を「後期近代」と名づけ、それまでの福祉国家型の「包摂型社会」から、新自由主義的な「排除型社会」への転換があったという。

たしかに日本でも新自由主義の台頭によって厳罰化が進み、後期近代に突入し、「排除型社会」に転換したということがいわれる。しかし、ヤング自身が「おそらく日本を除けば」とわざわざ注意しているように（『排除型社会』三一一頁）、欧米で「排除型社会」にいたる大きな要因となった犯罪発生率の増加という現象は、日本ではまったくみられない。日本では七〇年代以降を考えても、犯罪発生率は一貫して減少しており、治安は悪化していない。

なぜ日本でも厳罰化が生じたのか。その理由として、犯罪を「ゆるす」文化がすたれ、旧来の「世間」が解体し、「排除型社会」に変わったからだと説明されることが多い。だが、「世間」は、歴史的に犯罪者をゆるすと同時に、犯罪者の排除もまたおこなってきた。この二面性のゆえに、日本は先進工業国中、もっとも治安のよい安全な国となっている。「世間」には包摂的側面と排除的側面の二面があり、後期近代への突入とともに、「世間」の排除的側面が前景化したにすぎないのだ。

保守化への逆転現象

では、なぜこうした「世間」の排除的側面が前景化したのか。

それは、新自由主義という異質の行動原理にたいして、「世間」が花粉症やぜん息のようなアレルギー反応をおこしたためである。つまり新自由主義は成果主義や競争的環境を要求するが、それはあくまでも西欧の「強い個人」を前提としたものである。「世間」には西欧流のindividualたる個人は存在しないから、新自由主義は「世間」の人びとに無理難題を押しつけることになる。

たとえば多くの企業でおこなわれた職場における成果主義の導入は、それまであった「世間」の「身分制」にもとづく年功序列制を崩壊させたが、「世間」的な関係そのものはなくなったわけではないので、人々を「存在論的不安」に陥れることになる。つまり、成果主義の導入自体が、無理難題というべきものであった。

こうした無理難題を強いられた「世間」は、いわば新自由主義の台頭に逆ギレし、「世間」内部の抑圧性をよりつよめることになった。「世間」は、ウチとソトを厳格に区別し、ウチ（身内）の人間には配慮を惜しまないが、ソト（ヨソ）の存在である「あかの他人」は徹底して排除する。山田のいう「希望」がうしなわれたのは、「世間」の排除的側面がつよまったため、「希望」をもてない層が生み出されたからである。

それが、ＮＨＫ放送文化研究所による調査結果にはっきりとあらわれている。これは、五年毎に五〇〇〇人を調査し、さまざまな角度からものの考え方の変化を追ったものだが、それによれば、全体として七三年以降一貫して九八年までは「伝統離脱」方向をむいていた日本人の意識が、九八〜〇三年の間には動きが止まり、〇三〜〇八年の間に逆転して「伝統志向」に変わっている（図１『現代日本人の意識構造［第七版］』二二一頁）。このことは、九八年あたりを境にして、日本人の意識の保守化がはじまっていることを示している。これは、九八年がターニング・ポイントになっているという山田の認識とも一致する。

また宗教心についての項目では、九〇年代に「信じていない」が増加したが、最近の〇三〜〇八年の五年間では、「信じていない」の増減はないにもかかわらず「仏」「あの世」「奇跡」「お守り・おふだの力」を信じる人の数が増加している。とくに若年層・中年層で顕著である。これは、「世間」がもともともっていた「呪術性」というルールが、前景にせりだしていることを示している（同書、一二八〜一二九頁）。

保守化を裏付けるこんな事件も思い出される。〇四年におきた「イラク人質事件」では、イラクで人質になった人間の家族が、「世間」にたいして「ごめいわくをおかけしました」と一言謝罪しなかったために、ひどいバッシングを受けた。外国でも人質事件はあっ

［図1］

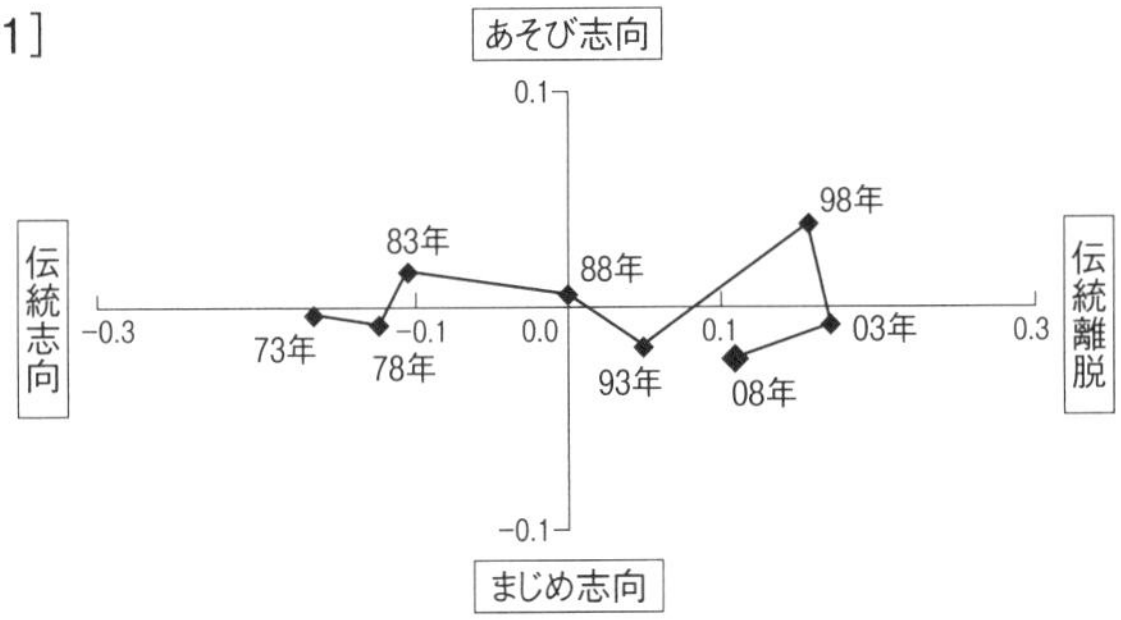

意識構造上の位置（全体）
『現代日本人の意識構造』（NHK出版）より

たが、「海外での国民保護は政府の当然の責務」という考え方があたり前で、人質の家族がバッシングされたのは日本だけであった。

このとき語られた言説は「自己責任」という新自由主義を象徴する用語であったが、家族が「世間」にたいして謝罪を強いられるという点では、内容は第２章でふれた大正時代のＫ男爵の息子の事件となんらかわらない。権利・人権という概念がまったく通用しない〈共同幻想〉としての「世間」から、つねに侵食を受けている家族は、「愛情原理」でその構成員を守ることなどできないのだ。

さらにまた二〇〇〇年に千葉県水上警察隊の女性船長（25）が、同僚の男性（45）と結婚しようとしたところ、当初、父親に反対された。上司から報告の遅れなどを叱責され、彼女が「ただ幸せになりたかっただけなんです」という遺書をのこして自殺するという事件がおきた。

おそらく、父親が当初結婚に反対したのは、二人の年齢差や、世間体を考えてのことだと思うが、「家」制度があった戦前の話ではなく、二〇〇〇年のことなのである。しかも二〇歳をこえて独立している娘の話である。いったいなぜ親が娘の結婚に反対できるのか不可解である。

ここでは、戦後民法のなかで廃止された「家」制度が、成文上では存在しないにもかかわらず、強固にのこっていることがわかる。「いえ」は、「世間」の出先機関として家族に介入しているのである。

家族の「解体」がこれほど喧伝されているにもかかわらず、日本で婚外子率はわずか二パーセント程度（〇七年）である。一九八〇年には〇・八パーセントだったので若干上昇しているとはいえるが、フランスの五二パーセント、デンマークの四六パーセント、スウェーデンの五五パーセント（いずれも〇七年）に比べて依然としてきわめて低い（『朝日新聞』二〇一〇年一二月一日）。

九八年以降「できちゃった結婚」もふえているが、ようするにこれは、みんな世間体を考えて、子どもができたら結婚しなければならないと信じているということだ。日本人の意識のなかに、「いえ」が完全に内面化されているというしかないのである。

ちなみに現行民法のなかには、夫婦が夫の姓でなければならないという規定はない。にもかかわらず、日本では、婚姻届を出した夫婦のうち九六パーセント（〇五年）が夫の姓を名のっている（『現代日本人の意識構造』六一頁）。夫婦別姓を選ぶためには、現実には事実婚をするしかない。妻が夫の家に入るという「いえ」の意識があり、「世間」における「身分制」が貫徹していると考えるしかないのである。

九六年に提出された選択的夫婦別姓制度の国会審議は、与野党議員の「家族の結びつきを壊し、家族を崩壊させる」という批判にあって、遅々としてすすまないが、一般の日本人はどう考えているのでろうか。先ほどの『現代日本人の意識調査』では、つぎのように指摘されている。

> 結婚後の姓についての考えは、大まかにいえば、七三年からの一〇年間は変化が少なくて、その後の八三年から一五年ないし二〇年間は、伝統的な意見が減少し、最近はその動きがとまったようにもみえる。つまり、八三年には、四七％多数であった「当然、妻が名字を改めて、夫のほうの名字を名のるべきだ《当然、夫の姓》」は、〇三年には

二九％へと大幅に減少しているが、最近の五年間では四％増え、九八年と同じ数字となっている（同書、六一～六二頁）。

ここではとくに、九八年と同じ水準になっているという点が重要である。明らかに後期近代への突入というこの時期に、伝統志向がつよまり、「世間」における「身分制」というルールが、前景にせりだす逆転現象がおきているのである。

植木とみ子は、〇八年の新聞紙上の家族にかんする身の上相談と、それにたいする回答を分析した上で、現在の日本の家族のあり方について、つぎのようにいう。

指摘しなければならないことは、「家制度」は六十年も前に廃止されたのに、いまだに「いえ」の亡霊に取り付かれた男性とその親がたくさんいらっしゃるということです。「嫁」「婚家」という言葉がそのまま今でも普通に使われていますが、この言葉自体の中に「相手方の家に入る」というニュアンスが含まれています。それは結婚して自分の姓を棄て相手方の姓を名乗るときの感覚と、共通するものではないかとも思われます。一時期、夫婦別姓論がかなり優勢だった頃は、「嫁に行く」という概念そのものが否定

> されていました。しかし別姓論も法改正を目前にして、世の中全体の保守化の流れの中でやや下火となってしまったようです（『日本の家族』三〇八頁）。

ここでいわれている夫婦別姓をめぐる「世の中全体の保守化の流れ」が、これまで論じてきたような、「世間」が前景にせりだすという逆転現象のことである。

また、「嫁」「婚家」という今でもごく日常的につかわれる言い方自体が、法律上の「家」制度がなくなったにもかかわらず、依然として人々の間で「いえ」が内面化されてのこっていることを示している。それは、家族がプライベートな私的領域を確立できずに、「公」としての「世間」に完全に侵食されていることを意味している。

とくに二〇一一年の東日本大震災のあとに、あちこちで「絆を大切に」「家族の絆」が強調されたが、私が気持ち悪いと思うのは、これも、家族がプライベートな「私」の領域ではなく、「公」となっていて、それを守るために各人が滅私奉公しなさいと説教されているような気がするからである。

さてここまでは第1部として、近代家族の歴史的変遷と、七五年と九八年という二つのターニング・ポイントについて考えてみた。次章以降の第2部では、より具体的に、近代家族が確立できなかった結果として、どんな問題が生じることになったのかを、さまざまな角度から検証してみたい。

第2部

「世間」に侵食される日本の家族

今日的状況の考察

第4章

妻をなぜ「ママ」とよぶのか——恋愛関係論

江戸の「色事」と明治の「恋愛」

「世間」がほんとうに解体・消滅しつつあるのかという問いは、現在日本で恋愛といわれているものが、一二世紀にヨーロッパで「発見」された恋愛と同じものだといえるか、という問いと重なる。「世間」が解体・消滅し、西欧化が定着したとするなら、恋愛もまたヨーロッパのそれと同様のものに変化しているはずだからだ。

そもそも、日本において恋愛とはいったい何なのか。

恋愛という言葉が、明治期に西欧から輸入された発明品であったことは、すでにふれた。ただ「発明」はされたものの、日本の「世間」のなかでは、西欧の恋愛の前提であった個人が存在しなかったために、この時代の恋愛はきわめて観念的なものであった。日本語の恋愛という言葉は、明治時代である一八八九年頃に成立したものである。

では、それ以前の、たとえば江戸時代の作品に描かれた男女の関係は、あれは恋愛とはよばないのか。佐伯順子は、江戸の男女の関係を「色事」、明治の男女の関係を「恋愛」とはっきりと区別し、それらはまったくちがうものであったという。

> 近松や西鶴の文学には、積極的に「色事」を楽しもうとする若い娘たちが描かれる。だから、「恋愛」に近い現象が江戸時代に存在しなかったわけでは無い。いわゆる、ほれた、はれたという感情は、時代を通じて普遍的に存在するものであろう。だが、それが「色事」であるか「恋愛」（明治の意味で）であるかには、大きな違いがあった。〔略〕江戸の「色事」が、体で結ばれることを求めたのに対し、明治の「恋愛」は、「色事」から「性欲」を切り離し、それを「野蛮」とみなして「性欲」を排除した精神的なつながりを重視した（『「愛」と「性」の文化史』一二〇頁）。

ヨーロッパでは一一、一二世紀に、「内面」が発見されて個人が生まれた。「色事」が体で結ばれることを求めたのにたいして、ここでいわれている「精神的なつながり」というのは、個人の「内面」があってはじめて成立する。江戸時代にもともとあった「色事」という男女関係には、「内面」の存在を前提とした肉体（からだ）と精神（こころ）の分離という、西欧近代が製造した心身二元論が存在しないのだ。

佐伯は江戸の「色事」と明治の「恋愛」の特徴を、つぎのように総括的に対比している（同書、二六六頁）。

「色事」複数の相手との経験を重視	「恋愛」一対一が倫理的
肉体的関係が自明（忌避しない）	肉体的関係を排除（精神性の重視）
刹那性、結婚外関係（家の外）	永続性、夫婦関係（家の内）
非日常的性（陶酔）	日常性（癒し）
同性間の関係含む	異性間の関係中心
心身一体	心身二元論

江戸の「色事」で面白いのは、現在のように一夫一婦制を前提としていないし、いまな

ら少数派とみなされる同性愛も特別視されなかったことである。この意味では江戸時代と現在と、どちらが性にかんして自由だったかは、よく考えてみる必要がある。江戸時代が、すべてにわたって抑圧的な体制であったかどうかは疑問があるからだ。

また、それが結婚外の関係であって非日常的であったということは、外形的にはヨーロッパ中世の「宮廷風恋愛」と似ていないこともないが、西欧の恋愛は肉体的結合以上のものであるという点で、似て非なるものである。

渡辺京二も、江戸時代から明治初期にかけての男女関係について、つぎのように指摘する。

> 当時の日本人にとって、男女とは相互に惚れ合うものだった。つまり両者の関係を規定するのは性的結合だった。もちろん性的結合は相互の情愛を生み、家庭的義務を生じさせた。夫婦関係は家族的結合の基軸であるから、「言葉の高貴な意味における愛」などという、いつまで永続可能かわからぬような観念にその保証を求めるわけにはいかなかった。さまざまな葛藤にみちた夫婦の絆を保つのは、人情にもとづく妥協と許しあいだったが、その情愛を保証するものこそ性生活だったのである（『逝きし世の面影』三二一

頁)。

渡辺のいう「言葉の高貴な意味における愛」というのが、ここでいう明治の「恋愛」のことであるが、面白いのは、恋愛は「いつまで永続可能かわからぬような観念」、つまりきわめて不安定なものであると見られている点である。たしかに、そうなのかもしれない。西欧流の「愛」ではなく、「性的結合」を基軸とする男女関係のほうこそ安定的な関係であるという指摘は、きわめて興味深い。

ともあれ、結婚制度とヨーロッパから輸入された恋愛が結合して、恋愛結婚が登場する。日本では、一九三〇年では見合い結婚が六九パーセント、恋愛結婚が一三・四パーセントと、圧倒的に見合い結婚が多い。その割合が逆転するのが一九六〇年代半ばであり、一九九五年時点で八七・二パーセントが恋愛結婚で、その後見合い結婚は、一割を下回っている。

今枝法之はこうした変化について、「今日の見合いや仲人の結納の消滅ないしは稀少化は、まさに現代において、長い歴史を有する『家』制度の解体あるいは脱伝統化と個人化が生起していることを意味している」という。そして、「結婚にまつわる『家』制度の衰徴・脱伝統化と個人化は、『世間』の衰徴にもつながっていると考えられる」と指摘する（「『世間学』再考（後編）」七七頁）。

たしかに戦前に見合い結婚が多かったのは、家長が子どもの結婚を決めたからで、基本的に子どもに結婚の自由はなかった。だから戦後の民主化によって、西欧と同じような恋愛結婚が普及した、と一応はいえる。お見合いは、戦前の「家」制度を前提としたものであるから、恋愛結婚の増加は「家」制度が衰退し、それゆえ「世間」もまた衰退した兆候であると、これも一応はいえる。

しかし、今枝のいうように、ほんとうに「世間」は「衰徴」しているのか。内面化された「いえ」を出先機関とする「世間」は、ほんとうに解体・消滅しつつあるのか。

「世間」に侵食される日本の恋愛

このことを検討するためには、やはり西欧との比較が手がかりとなる。フランスの愛情表現と日本の愛情表現にちがいについて、きわめて興味深い指摘をしているのは佐伯順子である。

佐伯は、日本の現代語の愛情表現を映画の台詞から考察した発表を引き合いに出し、「日本語の『好き』『思う』『愛する』といった言葉が、フランス語ではほぼすべて『アムール』と訳されていることが興味深かった」とのべている。そしてつぎのように続ける。

> フランス語の愛情表現は、日本語より単純で、ニュアンスにとぼしいのではないかという見方もできるが、他者と重要な関係を結ぶ際の感情が、日本語では立場や状況に左右される傾向があるのに対して、西洋語では本質的な感情はひとつという価値観があるともいえる。

私が基調講演で、日仏の女性文学の恋愛観について話をした際、マルグリッド・デュラスの小説「ラマン」は日本語で「愛人」と訳されているが、本来は「恋人」ではという意見をいただいた。日本では通常、「恋人」は結婚前にしか使わない。しかし、フランス語でもドイツ語でも英語でも、結婚の前後を通じて、相手への感情は、「アムール」「リーベ」「ラブ」という同じ単語で表現できる。相手を大切に思う気持ちは、西洋語では表現上一定だが、日本語では関係も感情も制度や形式において変化するという発想がある。「ラマン」が「愛人」になったのもそれゆえの〝逆説〟である。

ヨーロッパ生活での私の見聞からも、明治人が理想化した「西洋的愛」は、日本には実質的に根付いていないと確信できるし、今後もそうであろう。ただ、表層上の西洋的恋愛風俗は、バレンタインデーのチョコのように今後も続くのであろうし、その様式性こそが日本の「愛」のあり方を見事に象徴している（「パリで考えた日本の『愛』」）。

いわれてみればたしかに目からウロコなのだが、英語、独語、仏語など西欧語では「愛する」という単語はおおむね一つしかないが、日本語では「愛してる」「好きだ」「思ってる」「惚れてる」などきわめて多様である。これに限らず、西欧の言語では、一人称や二人称はせいぜい一つか二つしかないが、日本語では「わたし」も「あなた」も数限りなくある。

ついでにいえば、いま日本で、恋している二人が頻繁につかうのは、おそらく「好き」という言葉であって、「愛してる」はなんとなくつかいにくい。「愛」は、なにか必要以上に、自分に重くのしかかってくる言葉のように思えるはずだ。それは、これまでのべてきたように、恋愛という言葉はもともと明治時代に造語されたものであって、男女の関係において「愛」という言葉を使用することに躊躇があるのは、それが、ヨーロッパという外部からつけ加わったものにすぎないからではないだろうか。

なぜ日本では「愛」という言葉が多様なのか。答えは簡単である。それは、日本の「世間」には、「身分制」というルールが存在しているからで、相手との上下関係にそってその都度言葉が変わるからである。これは、純粋な〈対幻想〉の関係であるべき恋愛関係のなかに、〈共同幻想〉である「世間」が侵食していることを意味している。つまり「身分制」という「世間」のルールが、内面化された「いえ」を出先機関として、恋愛関係を侵食しているのだ。これは西欧の恋愛とはまるでちがう。

また、西欧では一つの概念しかない「ラマン」が、日本では「恋人」ではなく「愛人」と訳されるのは、「結婚前」と「結婚後」を区別する〈共同幻想〉としての「世間」の道徳的価値が紛れこんでいるからである。「愛人」という表現は、「世間」における「身分」のことなのだ。

ところでこの恋愛について、テレビで面白い番組をたまたまみた。ＢＳの「COOL JAPAN」という鴻上尚史が司会をしているＮＨＫの番組で、日本にいる外国人に、日本のどこがクールか取材してもらって、鴻上と外国人ゲストたちが議論するものだ。

そのなかの「恋人特集」で、日本人の恋人の場合、会う回数はせいぜい月に二、三回か、多くても週に一回というのにたいして、外国人のゲストたちから「信じられなーい」という、大ブーイングがおきた。かれらにしてみれは、恋人たちが週二、三回会うのはあたり前で、毎日もアリだそうだ。しかも、お互いに相手をより深く知るために徹底的に話をする。話す内容がなくならないのかといえば、そうではないらしい。飽きないのかといえば、飽きるくらいだったら別れればよろしいという。

外国人と日本人のカップル恋愛が決定的にちがうのは、どうやら話を徹底的にするか、あまりしないで「場の空気」を共有しているだけかということらしい。日本には「以心伝心」という言葉があり、恋愛にかぎらないが、基本的に言葉で何かを確認するより、「場の空気」の共有が重視される。

なぜなら、「世間」においては「内面」を表現する個人がいないために、それを表現するための言葉が信じられていない。喫茶店でカップルをよくみかけるが、話をするカップルより、一人でケータイをいじっていたり、雑誌を読んでいる人のほうがはるかに多い。言葉より、お互いの気持ちや気分のほうが重視される。それは、恋人の関係という〈対幻想〉の領域に、「共通の時間意識」という「世間」のルールが、こっそり紛れこんでいるためである。

［図2］

2011年　人口動態統計（厚生労働省）
「結婚生活に入ってから同居をやめたときまでの
期間別にみた年次別離婚件数及び百分率」より

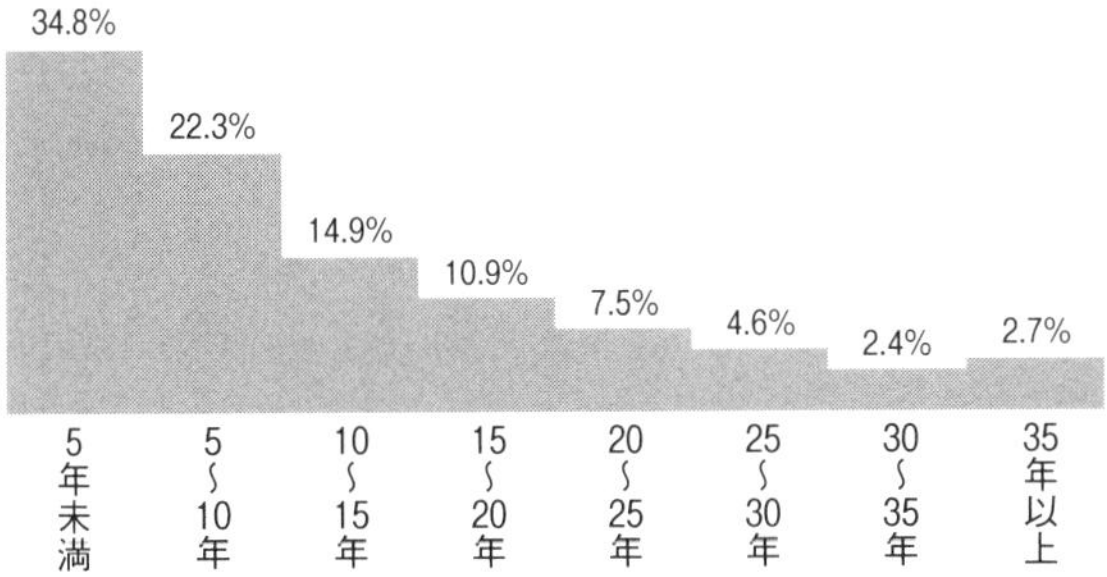

ようするに、現在においても日本では、「世間」という〈共同幻想〉に侵食されているという意味で、佐伯がいう通り、明治時代に輸入された恋愛が「実質的に根付いていない」のだ。

妻をなぜ「ママ」とよぶのか

私の印象だと、大恋愛の末に結ばれた夫婦でも、男と女の関係は二、三年しか続かないことが多い。じっさいに［図2］の人口動態調査をみると、二〇一一年で、五年未満で離婚しているものの割合が三四・八パーセントで他の年数に比べるともっとも多い（そのなかでもとくに、一―二年が七・七パーセント、二―三年が七・五パーセントと多くなっている）。離婚までいたらなくとも、なぜか日本の〈夫―妻〉の関係は、あっという間に男と女の関係が終了して、その後べつなものに変質するとしか思えないのである。

あえていえば、変質するからこそ、安定した関係となる。この点で欧米の家族は、〈夫―妻〉の間の〈対幻想〉、つまり「愛情原理」が中心に置かれるから、お互いの間で愛情がなくなれば、簡単に離婚にいたる。アメリカの離婚率の高さには、そうした理由がある。つまり夫婦は、愛の有無を離婚の基準とするために、いつ相手の心が自分から離れてしまうかわからないという、きわめて不安定な立場に置かれることになる。

しかし、日本の家族はこれとはかなりちがっていて、お互いの間で男との女の関係、すなわち愛情が失われても、それがかならずしも関係の破綻にはつながらない。あとでのべるように、〈夫―妻〉の関係が〈親―子〉の関係に変質するからだ。この意味で、日本の〈夫―妻〉関係は、きわめて安定的なのである。

ところでしょっちゅう目撃することで、いつも私がガクゼンとするのは、かなりの日本の男性が妻を、「××さん」と名前でよばないで、「ママ」もしくは「お母さん」とよぶことである。同様に、妻もまた夫を「パパ」や「お父さん」とよぶことが多い。

あまりにありふれたことなので、ぼんやりしているとふだんは気づかないが、虚心坦懐

郵便はがき

1 0 1-0 0 2 1

お手数ですが
切手をお貼り
ください

千代田区外神田
二丁目十八—六

春秋社

愛読者カード係

＊お送りいただいた個人情報は、書籍の発送および小社のマーケティングに利用させていただきます。

(フリガナ) お名前　(男・女)	歳	ご職業
ご住所　〒		
E-mail	電話	

※**新規注文書**　↓(本を新たに注文する場合のみご記入下さい。)

ご注文方法　□**書店で受け取り**　□**直送(代金先払い)** 担当よりご連絡いたします。

書店名	地区	書名	冊
取次	この欄は小社で記入します		冊
			冊
			冊

ご購読ありがとうございます。このカードは、小社の今後の出版企画および読者の皆様とのご連絡に役立てたいと思いますので、ご記入の上お送り下さい。

〈本のタイトル〉※必ずご記入下さい

●お買い上げ書店名(　　　　地区　　　　　　　書店　)

●本書に関するご感想、小社刊行物についてのご意見

※上記感想をホームページなどでご紹介させていただく場合があります。(諾・否)

●購読新聞

1. 朝日
2. 読売
3. 日経
4. 毎日
5. その他
(　　　　　)

●本書を何でお知りになりましたか

1. 書店で見て
2. 新聞の広告で
(1)朝日 (2)読売 (3)日経 (4)その他
3. 書評で (　　　　　　紙・誌)
4. 人にすすめられて
5. その他

●お買い求めになった動機

1. 著者のファン
2. テーマにひかれて
3. 装丁が良い
4. 帯の文章を読んで
5. その他
(　　　　　　　)

●内容

□満足　□普通　□不満足

●定価

□安い　□普通　□高い

●装丁

□良い　□普通　□悪い

●最近読んで面白かった本　(著者)　　　　(出版社)

(書名)

㈱春秋社

電話 03-3255-9611　FAX 03-3253-1384　振替 00180-6-24861

E-mail:aidokusha@shunjusha.co.jp

に考えてみれば、相当に薄気味の悪いことではないのか。それは、自分の妻を「母」と、自分の夫を「父」とよぶことによって、自分たち夫婦が、男と女の関係としてはすでに終わっているということを、堂々と宣言していることにほかならないからだ。端的にいってここには、〈親―子〉の関係しか存在しない。

これについて、前出の桜井／桜井が面白いことをいっている。

> 家族成員がそれぞれの成員間の関係というよりも、家族の集団幻想によってより安定した位置を獲得していることは、各成員の日常的な呼称のなかに象徴的に示されている。最近では家族員が互いに名前を呼び合うこともめずらしくなくなってきたが、わが国ではこれまで通常、夫婦の間であっても互いにその名前を呼ぶことは稀であった。子供のいる場合、互いに「お父さん」「お母さん」と呼んでなんの違和感も感じない。ある夫婦は、直接呼びかける慣習をもたない日本の夫婦の例にもれず、新婚時代には互いに名前を呼ぶことを避けていたが、結婚生活が一定の年月に達してからは子供がいないにもかかわらず（望んではいたが恵まれなかった）、互いに「お父さん」「お母さん」と呼んでいたほどである。子供を中心にしたタテの関係の親族名称を使うことは家族の呼び方とし

てはきわめて安定したものであるだけでなく、日本の家族においては子供の存在が必須の条件であることを暗黙のうちに示している（『幻想する家族』一六〇～一六一頁）。

驚くのは、この本が一九八七年に書かれているということである。それから四半世紀ほどたった今でも、読んでいてあまり違和感がない。つまりこの点にかんしては、何も変わっていないのではないか。そう考えると、ちょっとボーゼンとする。

これは、日本の家族の中心に、〈夫―妻〉という水平的な平等の関係が存在するのではなく、〈夫―妻〉の間でさえも、〈親―子〉という垂直的な上下関係が貫かれていることを意味している。桜井／桜井のいうように、夫婦がお互いに名前で呼ぶことは、「互いを上下というタテの関係よりも対等なヨコの関係であらわすことであると同時に、集団の一員というより個と個の関係を表現するという色合いが強い」わけだから（同書、一六二頁）、「お父さん」「お母さん」とよび合うことは、〈夫―妻〉が個人と個人の関係でもないことを示していることになる。

つまり日本の家族には、近代家族の前提である、個人と個人の関係としての〈夫―妻〉が存在しないことになる。なぜそうなるかといえば、「愛情原理」で結ばれているとすれば、愛情がなくなれば関係は簡単に終了する。つまり関係はきわめて不安定である。しかし、〈親―子〉関係となれば、愛情がなくなったからといって、簡単に終了するわけではない。この点できわめて安定的であるといえるからだ。

桜井はここで「家族の集団幻想」といっているが、これは、すでにのべたように、家族という「公」にたいして、「私」である家族の構成員が奉仕するという構造で、家族が〈共同幻想〉として機能していることを示している。

私にいわせれば、このことは「いえ」を出先機関とする〈共同幻想〉としての「世間」が、「身分制」という上下関係のルールを、〈対幻想〉としての家族のなかにもちこんでいることにほかならない。つまりここには西欧流の近代家族のような、〈対幻想〉と〈共同幻想〉との明確な分離が存在しない。

しかし、新婚のときはべつとしても、そのうち男と女の関係でなくなってしまうのは、夫婦にとって、きわめて由々しき事態ではないのか。こうしたことについては、一般的にいって、妻のほうが敏感で、夫は気づいていない場合が多い。気づかないから、ある日妻から突然離婚をいい渡されて、夫は「なんで？」とさっぱり理由がわからず、狼狽するだけなのである。

そういえば、「ママ」「お母さん」は家のなかだけにいるわけではない。よーく考えてみると、サラリーマンのお父さんには、家庭以外に、会社帰りにちょっと一杯やってゆくバーや飲み屋に、「ママ」や「ちーママ」がいる。あれはいったい何なのか。『男に大人なんていない!?』を書いたキム・ミョンガンは、日本には大人の男性などいないといっている。

> 日本には「幼児」と「成人した幼児」という、2種類の男性しかいないというわけです。大人の男性など、どこにもいないのです。
>
> その男が50歳であっても、60歳であっても、有名であろうと、地位や権力や貯金があろうと、一切関係ないのです。
>
> 年齢や性格に関係なく、ヒゲ面であろうと中身は「幼児」だというわけです。
>
> 職場などで威張っている男性でも、自分の妻に対しては、まるで「母親」に対するような態度で接している光景をよく見ます（同書、八頁）。

たしかにこうした光景は、あちこちで散見される。おそらく男性だったらだれでも、心当たりがあることだろう。女性の側からすれば、相手の男性が「コドモみたい」と思うことが頻繁にあるはずだ。夫にとって、〈夫—妻〉関係は「母子関係」にほかならない。男性は、ほんとうに自分の妻を「母」だと思っているマザコンなのである。

あとで詳しくのべるように、日本の「母子関係」は、「支配—服従」関係か「包む—包まれる」関係になりやすい。日本の〈夫—妻〉が、〈親—子〉関係としてしか存在しえないために、夫にとって妻との関係は「母子関係」としてとらえられる。はじめは恋愛関係であった夫婦も、時間がたてば「母子関係」となり、安定的になる。「ママ」や「お母さん」という呼び名は、その関係を象徴しているのだ。

恋愛しても夫婦になっても、それが男性にとって「母子関係」にしかならないのなら、女性にとっては対等な関係ではない。現在日本では、結婚したカップルの約三分の一が離婚するそうだが、女性の側が夫のマザコンぶりに嫌気がさしたというのが多いのではないかと推察する。

自由恋愛は過去のもの？

話を恋愛に戻そう。最近の若者について気になることがある。

香山リカは、「私が教えている大学でも、多くの学生が左手の薬指にリングをしている。しかも、女子学生だけではなく、男子学生もざっと三分の一はリングをしているのではないだろうか」と指摘し、これは「恋愛の重要性が高まり、今や婚約や結婚と同等の意味をもつようになった」ことであり、「これからは、世の中が『結婚している夫婦』と『恋愛中の男女』を同じように見なさなければならなくなるだろう」という（『若者の法則』一一一〜一一二頁）。

これは、つまり「特定のパートナーがいる」ということが、これまで以上に高い社会的価値をもつようになっている、ということである。より正確にいえば、「世間」的価値、ということになる。ようするにみんな、「世間体」に縛られているのではないか。

「世間」は「人並み」や「みんな一緒」ということを求める。恋愛の相手がいないことで、「世間」から「人並み」でないとみなされることになる。そうなると、まわりのペアリングをした「現在恋愛中」のカップルが、恋人のいない人間にとっては一種の強迫となる。

恋愛の対象となる親しい相手がほしい、ということはわかる。しかし、それだけではなく、場合によっては、恋愛の相手がいるということを、他人から「承認」されることが必要なのである。

浅野智彦は、食堂で一人でご飯を食べているところを人に見られたくないので、トイレの個室で弁当を食べるという大学生の「便所飯」を例にとり、こう説明する。

> 自己の成り立ちは、〔略〕二重の意味で関係に依存しているのであり、その分関係を求める気持ちはより切実に感じられることになるだろう。親しい相手との関係、そして親しい相手がいることを認めてくれる知り合いとの関係である。別の角度から言えばそれは承認の二重化でもある。親しい相手からの承認およびそのような承認を得ていること自体に対する承認というように（『趣味縁からはじまる社会参加』二一一〜二一二頁）。

ペアリングは、まさにこの二重の「承認」の必要性からつけられているのだ。つまり、恋愛の相手からの「承認」と、「知り合い」としての「世間」からの「承認」である。恋愛に強迫されているのは、とくに後者であることになる。

ここで、一一、一二世紀以前のヨーロッパ中世の時代には、individualたる個人が存在せず、現在の日本と同じような「世間」が存在したという点を思い起こしていただきたい。M・フーコーは、そうした中世の人的関係のあり方について、「個人としての人間は長いこと他の人間たちに基準を求め、また他者との絆を顕示することで、（家族、忠誠、庇護などの関係がそれだが）自己の存在を確認してきた」という（『知への意思』七五頁）。

こうした「世間」の「承認」こそが、「存在論的安心」を獲得できる、自分の存在証明となるのである。

恋愛が婚約や結婚と同じ意味をもつようになってきている、というのが本当なら、そうなったのは、おそらく「世間」の側での「承認」の圧力がつよまっているからである。第3章でのべたように、新自由主義の浸透と拡大を背景として、「世間」がそれに拒絶反応をおこし、九八年あたりをターニング・ポイントとして、その動きは加速した。恋愛について人々の「承認」願望がつよまっているのは、「承認」を与える「世間」からの要求がつよまっているからである。その背景には、高度資本主義の成立をへて、保守化が進んできた時代の流れがあった。

この九八年以降の時代の反転ということについて、雑誌『アンアン』のセックス特集の記事の変遷をめぐって、北原みのりの面白い分析がある。

北原はいう。一九七〇年創刊された女性ファッション誌『アンアン』は、「恋、夜遊び、仕事。すべてが詰まった大人の世界を盗み見する気分。時代を切り開く力にあふれ、『私たちは自由だ！』と叫んでいるようだった」と。そして、八九年に「セックスで、きれいになる。」という衝撃的な特集が掲載され、男性ヌードを掲載したり、性に関する特集が以後つづくことになる。

北原はそれに世界観がひっくり返るような衝撃を受け、「『きれいになる』のコピーが、びっくりするぐらい新しかった。後ろめたくて暗いセックスが、私が中心でいいんだ、楽しいものだ、と肯定的にとらえられた。言葉を与えられた」という（『朝日新聞』二〇一二年一月二二日）。

そういえば、吉本隆明がコムデギャルソンの服を身につけてモデルとして登場し、埴谷雄高に資本主義を肯定するのかと批判されたのも、一九八四年の『アンアン』だった（九月二一日号）。いま考えても、あれは、資本主義が高度化することはいいことでも悪いことでもないと埴谷に反論した吉本のほうが、断固として正しい。資本主義の高度化の問題は倫理の問題ではないからだ。八〇年代、『アンアン』にかぎらず時代は自由な気分に満ちていた。

八九年には「天安門事件」があり、ベルリンの壁の崩壊があった。激動の時代であった。九〇／九一年のバブルの崩壊と資本主義の「中世」化は、すぐそこにせまっていたが、たしかにそこには、なんだかよくわからない無茶苦茶な自由さがあったような気がする。

すでにのべたように、一九七五年をターニング・ポイントとして、八〇年代には日本の近代家族の「解体」が進行する。主婦の職場進出、家事労働の外部化、離婚の増大などによって、市場化＝商品化がすすみ、家族のなかに〈自己幻想〉としての「個」「自分」といった価値がはいり込み、それが「女性の性の解放」としてあらわれたのである。

ところが『アンアン』のセックス特集が定番化され、九九年になると、トーンががらりと変わってゆく。


「愛あるセックスだけが、あなたをきれいにします」

99年の「セックスで、きれいになる。」（99・4・30—5・7）は、デカデカと書かれたその一言ではじまる。白人男女が真剣な面持ちで抱き合っている巻頭ページがどこか重苦しいのは、続く見出しがこんなのだからだろう。

「心のないセックスの繰り返しは、性の『過食症』状態。（略）セックスさえすればきれいになれると思うのは大きな勘違い」
あれ、もしかしてフツーのセックスで、きれいになると思っていました？ そりゃあ虫がよすぎるというものでしょう。だいたいあなた、セックスをやればいいってもんじゃないですよ。セックスをすぐにやっちゃう女はね、心のビョーキにかかっているんですよ。

といきなり説教されてる気分になる（『アンアンのセックスできれいになれた？』一一一頁）。

八〇年代には自由を叫び欲望を肯定していた『アンアン』は、九九年には「愛あるセックスだけ」と説教をはじめた。そして、〇三年には「愛される」ことを至上とする「モテ路線」をつよめた。ちなみに二〇〇九年の特集は、男性のプライドを傷つけず満足させるハウツー中心で、「風俗店を思わせる」ＤＶＤがついているらしい（『朝日新聞』二〇一二年一月二二日）。

あきらかに時代は、後期近代に突入し、新自由主義が台頭し、女性にとって自由な恋愛から、女性がいかに男性に受けいれられるかという抑圧的恋愛に変化している。九八年をターニング・ポイントとして保守化がはじまっており、九九年のこの「セックスで、きれいになる。」の変化は、この「世間」の空気の反転が、恋愛に反映した結果だと考えられるのだ。

つまりこれもまた、恋愛という〈対幻想〉に、「世間」という〈共同幻想〉がさらに侵食していった事態を示している。この〈対幻想〉の脆弱性は、日本の恋愛や家族が近代というものを通過してこなかったことに由来している。つまり、近代を通過した西欧の恋愛や家族と、日本の恋愛や家族は、かなり異なっていると考えなければならないのだ。

第5章

増殖する母性愛――親子関係論

「世間」を代表する親

日本の〈夫―妻〉関係が「母子関係」になっていることはわかった。では、〈親―子〉関係についてはどうか。

すでに第2章でのべたように、日本の家族はその構成員にとって、「私」としてでなく、それに滅私奉仕すべき「公」として存在する。

この点で面白い議論がある。日本の家族における「支配―服従」という〈親―子〉関係が、「世間」に支配される日本人のあり方の、いわばプロトタイプ（原型）になっていると指摘しているのは小宮信夫である。

小宮は大略、つぎのようにいう。

日本の子どもたちは厳しい家族の規律にしたがっていて、礼儀などを両親から学ぶ。重要なのは、子どもたちは両親の権威を受け入れ、両親からの期待に無理やり答えさせられることである。しかし同時に、子どもたちは両親に依存することを許される。支配を受け入れることによって、「存在論的安心」を得られることを学ぶのである。

子どもたちは、母親に背負われたり、四、五歳まで両親と一緒に寝たり、お風呂に入ることによって、たくさんの身体的接触を経験する。これとは対照的に西欧では、子どもたちはひとりで寝せられ、家族と別の自分の部屋に分離され、ベビーシッターに預けられる。日本では、ベビーシッターに預けられるのはまれである。つまり日本の子どもは「小さな大人」として扱われるのではなく、「大きな子ども」として扱われる。

その結果、日本の子どもたちは、過剰に両親に依存するようになる。この依存と支配の受容の関係は、人々のウチ集団への依存と、その集団による社会統制の受容の関係のプロトタイプとみなすことができる。アメリカの親は子どもが悪いことをしたら、家に閉じ込めておくぞといって脅すが、これとは反対に、日本の親は家から締め出すぞと脅す。日本の子どもたちは、罰というものがウチ世界からの排除であることを学ぶのである、と(「日本の低犯罪率にかんする文化的研究」三八二頁)。

小宮がウチ集団といっているのが、まさに「世間」のことである。そして、日本のウチ集団の特徴としてウチとヨソ（ソト）の厳格な分離をあげる。これにたいして西欧の集団、つまり社会ではウチとヨソとの明確な分離はない。そのため、日本人はウチ集団のルールにしたがいその中にいるかぎりにおいて「存在論的安心」を得ることができるという。

しかし、ウチ集団からいったん排除されると「存在論的不安」におちいることになる。日本は先進工業国のうちでも、犯罪発生率がきわめて低く抑えられているが、その背景に、人々の「世間を離れては生きてゆけない」という思いが存在しているからである。

たしかに、殺人の発生率からいっても、一〇年の統計で、アメリカは日本の約五倍、フランス・ドイツは約三倍、イングランド／ウェールズは約二倍である。さらに窃盗の犯罪率でも、イングランド／ウェールズは日本の約四倍、アメリカ・フランス・ドイツは約三倍である（『平成二四年版　犯罪白書』三七〜三八頁）。

日本は、先進工業国のうちでダントツの治安のよさを誇っているのである。意外に思われるかもしれないが、七〇年代と比較しても、近年ははるかに治安がよくなっている。それは「世間」の存在を考えないと説明がつかないし、その「世間」のルールを学ぶ場が、家族の〈親―子〉関係といっていい。

とくに日本で、ルール違反をおこなった子どもを罰する場合に、家（ウチ）から締め出すというのは興味深い。このことによって、子どもはソトに排除されることが、最も重い処罰であることを学ぶのである。

ささいなルール違反であっても、家族においては処罰されるべき悪い行為であり、ましてや犯罪をおかすことは、それに輪をかけた悪行であることになる。日本ではこの刷り込みが、犯罪の抑止力としてはたらいているのだ。

日本の〈親—子〉関係が、「支配—服従」関係となっているのは、そこに「いえ」を出先機関とする「世間」が介在しているからである。つまりそこには「身分制」のルールがある。

そのことについて阿部謹也が面白い指摘をしている。

阿部は自分の大学のゼミで、学生に自分の両親、兄弟、友人、高校の教師との関係について報告させる課題を与えたところ、「親に対する批判がたくさん出てきました」と驚いている。そもそも母親を批判などできない。しかし、ゼミという限られた空間で語らせると、母親にたいする批判が続出したというのだ。

日本では母親はいわば愛の権化みたいにいわれています。最近の新聞報道を見ると、これはまったく間違いで、母親も女の一人にすぎないということが徐々に明らかになってきましたが、かつて、私が子供のころは、母親は自分が食べなくても子供に食べさせるといった美談に事欠かなかったわけです。私の母もそれに近かったから、私は最後まで母を全面的に支持していたわけですが、そうでない母親もたくさんいるらしくて、母親に対する批判が痛烈にあります。（なぜ母親かといえば――引用者注）それは友人関係、つまりボーイフレンドやガールフレンドの関係、部活の関係、それから入試や就職の関係、アルバイトの関係で親と対立すると、自分がしたいと思うことが認められない。そして、父親はどうなのかと聞くと、みんな話さない。つまり夕食のときもいないし、ほとんどふだんいないから、接触しているのは母親で父親とはほとんど関係がないのです（「世間と差別」二八～二九頁）。

親が反対するときには、「世間」というものを口に出して、「それでは世間は通用しないぞ」とか「世間体が悪い」というセリフになる。つまり日本の親は、子どもを黙らせるのに、家族の外部の「世間」という外在的論理をもちだすことがきわめて多い。言いかえれば、〈対幻想〉の「愛情原理」から反対するのではなく、外在的な〈共同幻想〉の論理が貫徹されることになる。ここでは〈対幻想〉が、「世間」という〈共同幻想〉からの侵食を受けていることはあきらかである。

反発と依存という、子どもの母親にたいするアンビバレントな感情は、親の向こうに「世間」という大きな存在がかいまみえることから生まれている。しかも〈親―子〉関係の問題は、阿部のいうように父親の影が薄いために、母親と子どもという関係に集中してあらわれることになる。

「包む―包まれる」母―息子

もう少し詳しくみてみよう。母と息子との関係はどのようなものなのか。深澤真紀が興味深いエッセイを書いている。

教育産業で働くサヤ（29）は、同じ職場のタケオ（33）と婚約をした。サヤは自分の両親に彼を紹介したあと、タケオに実家のことを尋ねた。そうすると、タケオは自分の両親が離婚し、父は音信不通、大学院まで出してくれた母親は数年前に亡くなったことを初め

> て明かしたあとで、婚約指輪を渡そうとした。
>
> ［略］タケオが渡そうとしたのが、母の遺骨で作ったダイヤの指輪だったのだ。［略］
>
> 　タケオの母は亡くなる前に「自分には入る墓もないから、遺骨はダイヤにして、奥さんにプレゼントして欲しい」と言い残した。「だからサヤにもらって欲しいんだ」と言われたが、頭の中が真っ白になった。
>
> 　プロポーズされた喜びよりもまず思ったのは「遺骨で作ったというダイヤが怖い」ことで、指輪を手に取ることさえできなかった。そして「タケオはマザコンなの？」と混乱して、何も言えずに帰宅してしまった。
>
> 　婚約指輪は「ずっと夢だった」。彼が一生懸命に探してくれた物をサプライズでもらうのもいいし、2人で探すのでもいい、と思っていた。それなのに、なぜ遺骨なのだろう。なぜ母の遺骨を優先するのだろう。タケオはおかしいと思わないのだろうか。「私の気持ちはどうなるの？」（「彼の母の遺骨で作った婚約指輪」）

サヤの頭が真っ白になったのは当然である。えーい。さっさと婚約やめなさいとしかいいようがないが、いうまでもなく、母の遺骨を婚約者に渡そうとしたタケオは、正真正銘の由緒正しいマザコンである。日本の場合息子の母親への関係がマザコンになりやすいのは、西欧社会におけるように、個人と個人という距離のとれた関係にならずに、たとえ母親が九〇歳、息子が七〇歳でも、距離のとれない関係がべったりと死ぬまで続くからである。いや死ぬまでどころか、母親が死んだあともべったり続いてゆくというのが、この遺骨で作った婚約指輪の話である。

たしかに物理的にいえば、指輪自体は炭素でできているから、人工ダイヤモンドと同じで宝石だといえないことはない。しかし婚約者にとっては、それはたんなる石ではなく、何か「霊的」なものが貼りついている「怖い」ものにみえる。逆に、タケオにとってはこの指輪の「霊性」は、好ましいものであることになる。「世間」には、「呪術性」というルールがあることをここでも物語っている。

日本の男性がマザコンであることについては、大日向雅美がこんな例をあげて説明している。

「荒れた海にあなた（男性）は小舟をこいで救助に向かっている。海の中から二人の女性が救いの手を求めているが、しかし、小舟には一人分の席しかない。さてあなたはどちらの女性の手を引くだろうか。その一人はあなたの母であり、もう一人は妻である」という問いを、日本とイギリスの男性に質問した結果、日本の男性はおおむね母を、イギリスでは妻を選ぶ回答が多かったという（『母性愛神話の罠』六九～七〇頁）。

日本の男性が母を選ぶ理由は、これまで苦労して自分を育ててくれた母への感謝の思いであり、年老いて弱くなった母を見捨てるわけにはいかないというものである。一方イギリスの男性が妻を選ぶ理由は、母には夫がいる（いた）からだという。「母は母の夫婦関係を充足したはず。自分は妻との関係で生きていくのが当然だし、母もそれを望むはずだ」という。どちらの理由に正当性があるかを判断することは難しい。しかし、この両者の差異は奇しくも家族関係の基本に親子を置くのか、それとも夫婦を基本とするのかの違いを如実に示していて興味深い（同書、七〇頁）。

西欧流の近代家族は、ある意味子どもには冷たいといえる。子どもは時間になれば寝せられ（あるいはベビーシッターに預けられて）、親だけでパーティに出かけてしまう。つまり、「子どもは子ども、親は親」とはっきりしているからだ。しかし日本の場合、子どもを家において親だけで出かけたら非難されるのは、家族の中心が〈夫―妻〉関係にあるのではなく、〈親―子〉関係にあるからである。近代家族の大前提である〈夫―妻〉の「愛情原理」が希薄なのだ。だから西欧の家族と比較した場合、日本の〈親―子〉関係は、子どもにたいしてべたべたにみえる。

日本の男性がマザコンになるのは、家族の基本が〈夫―妻〉の「愛情原理」にあるのではなく、〈親―子〉を基本とすることによって、はじめて安定的な関係になるからである。西欧の夫婦関係は、愛情が失われればただちに解体するようなある意味不安定な関係である。しかし日本の場合は、個人が成立していないために、このような不安定さに耐えられない。これが安定的な〈親―子〉関係を志向する理由である。

息子はあくまでも大人ではなく、子どもとして母（妻）に関係する。だから母親との関係は、「支配―服従」というより、どちらかといえばよりソフトな「包む―包まれる」関係として、「存在論的安心」を得ることができるといえる。

「支配―服従」関係になる母―娘

では、母―娘の関係においてはどうか。

香山リカは、「包む―包まれる」という関係になる母―息子の場合とはちがって、「母親の娘に対する過剰な愛は、ときとして『支配―被支配』というはっきりとした力の関係をとりがちだ」という（『親子という病』一二九頁）。

香山が自分の診察室にやってきた、母娘の面白い例をあげている。

「私のこと、放っておいてよ！」

ある娘が、母親にこう叫んだ。母親は言い返す。

「全部、あなたのためを思ってやってることなのよ。あなただって、いつもは私に頼っているじゃないの！」〔略〕

これだけなら、別にめずらしい風景ではない。思春期の娘が、母親の過干渉に耐えかねて反発する、という構図はどこにでもあるだろう。

ただ、ここで問題がひとつあるとすれば、実はこれは思春期の娘が発した言葉ではない、ということだ。

診療室でそう叫んだ娘は五十代、言い返した母親は、もうすぐ八十歳なのである。

娘は、半世紀以上にわたって母親の干渉と支配を受けてきた、と主張し、母親は、同じ時間、娘に依存されてきた、と訴えているのだ（同書、七六頁）。

つまり母―娘の関係においては、「支配―服従」の関係が、永遠に続く。「共通の時間意識」があるために、それが個人と個人との関係にならないからである。それは、娘が二〇歳になり成人し、結婚して別の家に住むようになっても変わらない。それはいつも、「あなたのため」というもっともらしいお題目のもとで、娘にたいするパターナリスティックな介入としておこなわれる。

信田さよ子は、母親は子どもにたいしては「私が生んだのだ」という自信にみちあふれているいっぽうで、「外部である世間からよき母であることの証明を得る手段として、評価の高い子どもが必要なのだ。だからこそ子どもを自分の望みどおりにしなければならないのだ」と思っていると指摘する（『さよなら、お母さん』一六〇頁）。

「あなたのため」といいつつ、母親は子どもを支配し、自分の望み通りにしようとするが、じつはその背後には、「世間」からの評価がひそんでいる。家族が、〈共同幻想〉としての「世間」に侵食されているのだ。とりわけ母親にとって娘は自分と同性であるから、自分の人生との比較をおこないやすく、「自分のような人生は送らせたくない（もしくは、送らせたい）」と考え、ますます娘との「支配―服従」の関係をつよめてゆくことになる。

しかもそれは、たんに母親の支配という一方的な関係としてあるだけではない。母親の目からみれば、子どもが自分に依存しているようにみえる。これは、前にのべたように、家族が「世間」のプロトタイプとなっているが故に、子どもにとっては過剰に親に依存することによって、家（ウチ）から排除されないという「存在論的安心」を得ているからである。

さらに重要なことがある。香山は、母親がじつは心のどこかで「娘より息子」と思っていることが、娘にたいする支配につながっているのではないかという。

> 親とくに母親は、イエ制度とは無関係に、今でも「娘より息子」と心のどこかで願っているのではないか。かつては、この「娘より息子」という気持ちは、「何としても跡取りを」「いちばん大切なのは長男」といったイエ制度と結びついていたので人前でも公言されていただけで、制度が崩壊した現在も母親たちの心の奥底では続いている。表面的にはそれがなくなり、今では「ひとりしか子どもを持たないのだとしたら息子より

娘を望む人の割合のほうが多い」などとも言われている。しかし、表面からそれが見えなくなった分、母親たちの胸の奥でその願望はよけいに歪められ、ついには目の前にいる「息子でない娘」に対する支配という形で表に出てくるのではないだろうか（同書、九五〜九六頁）。

たしかに一九四七年、長男子の単独相続を規定する法的な「家」制度は崩壊した。にもかかわらず、母親が心のどこかで「娘より息子」と思っているのは、依然として「世間」の出先機関としての「いえ」が家族に内面化されているからである。

本来、子どもが娘であろうが息子であろうが、親の愛情にかわりはないはずである。しかしここでは、「世間」の「娘より息子」という価値意識による侵食を受けている。いいかえれば、家族は「娘より息子」という同調圧力をつねに受けている。このような価値意識は、内面化されているために、一見して表面からはみえないが、じつはきわめて強固に存在し続けている。

母子心中がなくならないのはなぜか

日本の家族を考える上で格好の題材がある。日本に特有の母子心中である。母子心中は大正末から昭和初めにかけて急増し、社会問題化した。いまでも、新聞をみていると、しょっちゅう報道される。もちろん、父子心中もあるし、一家心中というのもある。しかし、その数からいえば、母子心中が圧倒的に多い。

阿部は一家心中について、つぎのようにいう。

> 新聞紙上で一家心中の記事を読むたびに何とも表現できない怒りのようなものが胸中にこみあげてくる。この思いは心中した人びとにむけられているのではもとよりなく、このような人びとを一年に千人以上生みだす日本の社会に対する、やり切れない思いなのである。
>
> ヨーロッパの新聞で心中の記事をみることはまずないといってよいだろう。心中という言葉すらないのである。せいぜい情死のばあいに複数自殺を示す言葉がある程度であって、わが国のように幼い子供を道連れにした親子心中がほとんど毎日のように新聞紙上でみられるという状態は、異常といわなければならないだろう。［略］

新聞報道を読む者の側でも、偶然助かった子供について、「幼い子供一人残して旅立ってしまった」とか「三歳の子供一人とり残された」などという言葉が、つい口から出てしまうことがある。まるで一人残されたことが不幸なことであるかのように受け取れる発言を、耳にすることがある。ヨーロッパなら必ず「一人だけ助かった」というであろう。このような違いに注目するとき、私たちは日本人の現世意識にひとつの問題があると考えざるをえないのである（「逆光のなかの中世」四九四頁）。

一家心中が西欧社会ではまったくないのかといえば、そうでもないらしく、稲村博によれば、親子心中は世界に広くみられる現象であるが、欧米では死因分類のなかで殺人か自殺のどちらかに含まれてしまうために、心中事件としてはとらえられていないだけだという（『自殺学』）。

だがそうだとしても、日本と西欧では、心中にたいする考え方がまるでちがう。もともと「心中」は江戸時代に始まる言葉で、「しんちゅう」、つまり心の中の意味であり、相愛の男女が誓紙を書いたり、指を切ったりして愛情の変わらぬことを示すものであった。それが男女が一緒に死ぬ、つまり情死の意に転じ、親子の自殺にも拡大使用されるようになったものである。

心中は、香山リカのいうように、一般に「世間」では美談として語られることがある。あとでもう一度ふれるが、じっさいに母子心中が急増した大正時代中期から末期にかけて、「これぞ母性愛の発露」と一部で肯定する声さえ上がったそうだ（『ニッポン　母の肖像』一二九頁）。

また「無理心中」という表現にいたっては、明らかに矛盾した言い方であって、自殺の共同意思がないのに殺されるのであるから、殺人以外のなにものでもない。西欧で、殺人と考えるのはきわめて健全なとらえ方であって、日本とは理解のしかたがまったく異なるのだ。

西欧と日本で、母子心中のとらえ方のちがいについて、一九八五年にアメリカでおきた日系人の母子無理心中事件を紹介しながら、有地が以下のようにいっている。

> 七年前に日本からロサンゼルスに移住し、日本食レストランを経営するA男（四十歳）と結婚したB女（三十二歳）は二人の子C（四歳）、D（六カ月）をもうけたが、A男に愛人がいたのを知って前途を悲観し、サンタモニカの海岸で、CとDを両わきに抱え

て入水自殺を図った。ところが、子ども二人が死亡、自分は救助されて生き残ったために、殺人罪と幼児虐待罪で起訴され、カリフォルニア州サンタモニカ市裁は、計画性があったとする検察側の主張を容れ、上級裁判所で第一級殺人罪を問う公判に入る決定を下した。公判の結果、殺意のある複数殺人で有罪と決まれば、B女は死刑または無期懲役に処せられることになる。米国では、母子無理心中は子殺しであり、親が子どもの生きる権利を奪ったならば、第一級殺人罪に問われることになる。裁判所は親が子どもを残して苦労させるよりも、一緒に道連れにした方がよいと考える日本的心情を理解すべきで、B女にはあまりに酷と、「B女被告を救う会」が日本から移住した新一世の人びとで結成されたと伝えられる。その後、B女は有罪を認めることで重罪を避けるように試み、二段階下の殺人にかえられ、昭和六十年十一月末、禁錮一年保護観察（執行猶予）五年の軽い刑の言い渡しを受けた。この事件は、子殺しについて日本と西欧の考え方の違いをはっきりと示したものである（『日本の親子二百年』二一七～二一八頁）。

アメリカにおいて母子心中で生き残った母親が、第一級殺人のように重く処罰されるのは、子どもは無垢で罪や汚れのない存在であり、そうした弱者を殺害することは、大人を殺害するより責任非難の度合いが大きいと考えられるからである。しかも、子どもは権利をもった主体としてとらえられ、心中は子どもの「生きる権利」を奪うことになる。

日本では、母親は自殺する場合に、自分が死んだら苦労させるばかりなので、子どもを残しておけないと考える。しかし西欧社会においては、子どもは一個の独立した人格だから、自分がいなくなっても生きてゆけると考える。ここには、子どもも大人と同様の権利をもつ主体であるという前提がある。

「世間」には「みんな一緒」という「共通の時間意識」がある。そのために、〈親―子〉関係においても個人の時間意識が存在しない。親離れ、子離れが難しいのは、それが個人と個人の関係にならないからである。

個人であれば、独立した一個の人間としてあつかわれるはずだ。しかし日本では、子どもを権利をもち人格をもつ個人であるとは考えない。母子は一体であり、その意味では子どもは親の所有物となるから、親が処分可能な対象にすぎないことになる。日本の「残された子どもがかわいそう」という発想は、それを前提にしているのである。

日本では母子心中の場合、裁判所の量刑はしんじられないほど圧倒的に軽い。いったい、なぜなのか？

すこし古いデータだが、中谷瑾子によれば、東京地裁の一九六六年から一五年間の統計では、一歳未満の乳幼児殺のじつに九八パーセントが三年以下の刑で、しかもそのうちの八八パーセントが執行猶予つき判決となっている。執行猶予とは、実質無罪だということである。こうした状況は、現在でもあまり変わらないと思われる。アメリカでは第一級殺人で死刑または無期懲役であるから、これではあまりに差がありすぎだといわなければならない。

中谷は、その理由をつぎのようにいう。

> どの事例をとってみても、直接手を下したのは母親でも、その嬰児殺の衝動へ駆りたてた夫や情夫や周囲の者こそ問題であり、少なくとも責任の半分はこの人達が分担すべきだと思われるのに、法律上は、直接手を下すことはなかったその人達にその責任を問うことはできません。執行猶予つきの軽い刑も、裁判官の行為者へのいたわりと、男性としての後ろめたさのような苦渋の表明として理解でき、それらは往々にして判決文中「量刑事情」のなかに汲みとることができるように思われます（『子殺し・親殺しの背景』一二二頁）。

「世間」には「共通の時間意識」があり、個人が存在せず、自分と他人との区別がつかなくなる「共感の構造」をもつから、母子心中にたいしてきわめて同情的である。つまり、原因を作りだした夫やまわりの者が悪いのであって、母親には責任はないのではないかと考える。これはある意味当然のことであって、ここでは、犯罪にいたる経緯やまわりの状況は一切問わないで、すべて犯罪の実行行為者のみに責任を負わせるという、近代刑法の原則である個人責任・自己責任の限界が露呈しているのだ。

　こうした場合、裁判官もまた「世間」の構成員であるから、圧倒的に被告に同情的な「世間」の空気を無視することはできない。日本で母子心中の量刑がきわめて軽くなるのは、そうした理由である。

　ところで、一般に子どもの虐待死事件では、「世間」においては、「鬼親」として母親だけが非難され責任を追及される傾向がつよい。母子心中で母親が生き残ったケースがまったく逆の評価になるのは、それが未遂となったとはいえ自殺というかたちで、死をもって「世間」にお詫びしようとしたという、母親の姿勢が同情をひきよせるからである。

　そしてこの「世間」の親子心中への同情のあり方は、親子心中という言葉が生まれた大正時代末以来、現在でもほとんどかわらない。明治時代の近代化や戦後の民主化の過程で、「世間」は解体・消滅する方向にあるとくり返しいわれてきたが、法的な「家」制度はなくなっても、そう簡単にはなくならないのである。

母性愛という呪縛

大正時代に母子心中が「これぞ母性の発露」といわれるようになったのは、当時、近代家族が生みだした母性愛が強調され、母親に押しつけられはじめたからである。香山リカは、このあたりの事情を以下のように説明する。

> しかし、大正時代の女性たちが子育ての主役となって幸せであったか、と言うと、それも違うと思うのです。この「家庭教育は母親ひとりの責任」という考え方と「母子は母性愛によって一体化している」という考え方の波を直接受け、当時の母親たちは、現代の母親たちと同じあるいはそれ以上の不安と重圧を感じていたと推測されます。それを裏付けるものとして、大正中期から末期にかけて「母子心中」が急激に増加したデー

タがあります。その原因の多くは大恐慌による一家の主の失業や家庭の不和にありますが、母親たちはおそらく「母性愛で一体となっているはずの子どもだけを置いていくわけには」と思い詰めて、ついに心中という悲劇的な選択をしたと思われます（『ニッポン母の肖像』一二八〜一二九頁）。

母子心中が増大した背景には、母性愛という考え方の台頭があったと香山はいう。もともと母性愛とは、バダンテールが明らかにしたように、本能ではない。本能だというのは、一九世紀ヨーロッパで製造されたイデオロギーにすぎない。端的にいってそれは、「資本主義の台頭と共に誕生した近代家族の存続に必要とされた理念であり、性的役割分業体制が敷衍化されていく過程で生じたもの」なのである（『母性愛の罠』八九頁）。

すなわち、第2章でふれたように、ヨーロッパで生まれた近代家族の特徴のひとつに、「夫は外で仕事。妻は家で家事と育児」という性的役割分業があった。これはとくに女性にたいして、家庭にあって愛情を込めて子育てをするという、母性愛にみちた母親というイメージを製造した。女性であれば、母親であれば、本能として母性愛をもってるはずということになったのである。

そもそも日本において母性という言葉もまた翻訳語であり、ヨーロッパからの輸入品であった。それが造語されたのは大正時代はじめであり、それまではそうした概念が存在しなかった。というより、必要なかったのだ。それまでの日本は、全人口の八割以上が農業に従事し、子育ては村ぐるみの共同体においておこなわれ、農家の嫁は母親としてより労働力として期待されたからである。

ところが大正時代半ばには都市勤労世帯が登場し、職住の分離がおきると、男性は仕事にゆき、女性は家で育児に専念するという家族形態が登場する。妻が子育てに専念するために、母性愛が強調されはじめたのである。

戦後の高度成長期、一九六〇年代になると専業主婦が成立し、性的役割分業がつよまり、ますます母性愛イデオロギーが強化されてゆく。とくにボウルビィの「母性剥奪」理論にはじまる「三歳児神話」、すなわち子どもが三歳になるまでは、母親がそばにいて世話をしなければならない、そうしなければ子どもが問題行動などをおこす原因となる、という考え方が一九六〇年代に輸入され、高度成長期に適合的な理念として一気に広まったのである。

すなわち高度成長期には、企業戦争を生き抜くための滅私奉公型の企業戦士が必要とされ、家庭は企業戦士にとって安らぎと充電の場とされ、妻は家庭を守り夫の健康管理をするという性的役割分業が確立した。「三歳児神話」とは、この性的役割分業を正当化する理念としての役割をはたしたのだ。

ここで問題なのは、現在もまたこうした神話が依然として日本の家族を呪縛していることである。とくにそれが、周囲、すなわち「世間」からの同調圧力としてあらわれることが問題である。日本の家族は、つねに周囲からの評価を受けており、その評価をいつも気づかっていなければならない。

この点で香山は、「自分の子どもを受け入れられない」として診察室にやってくる女性があとを絶たないという。

たとえばあるケースでは、下の息子はかわいいが、「上の息子が同じようにかわいいとは思えない」、つまり自分には母性愛がないのではないか、という女性の訴えがあり、香山は、「母親であればどんな子どもも目の中に入れても痛くないほどかわいい、などというのは作られた幻想であること、ふたり子どもがいて性格が合う子、合わない子がいることはむしろ当然」とアドバイスしたという。

この問題は、上の子を保育園に預けることで一応落着したのだが、それでは終わらなかった。その後、夫の両親から「こんな小さな孫を保育園に預けるなんて」と非難され、夫までそれに同意したために、その女性は夫の実家に帰省する途中の新幹線内でパニック発作をおこす（『親子という病』一一七〜一一八頁）。

そもそも、母性愛が本能だなんてイデオロギーにすぎないわけだから、母親と子どもとの間で気が合う、合わないという好き嫌いの問題が出てくるのはあたり前である。それに、子どもを保育園に預けようが預けまいが、それは、家族固有のプライベートな問題であって、ほかから何かいわれる筋合いのものではないはずだ。

問題は、「保育園に預けるなんて」という人々が、夫婦のプライバシーにまかされるべき問題としてではなく、自分の「いえ」のウチ側の問題としてとらえているために、介入や干渉が正当化されることである。あきらかに、ここには、法的な「家」制度ではないが、「いえ」が内面化されてのこっているのである。

先にのべたように近代家族の大原則に、私的領域と公的領域の分離がある。日本の家族は西欧流の近代家族になる前に「解体」されていったために、外部からの干渉や侵入が容易である。女性のパニック障害は、家族がプライベートな私的領域を守ることができないことへの拒絶反応であるといえる。

もうひとつ例をあげておこう。運動選手がいい成績をのこしたときに、「母への感謝」を表明する場面を、メディアが好んでとりあげる。

たとえば二〇一二年のロンドン・オリンピックで、金メダルを獲得した体操競技の内村航平選手の新聞記事の見出しは、「母への感謝　花束で届けた」。また紙面の右上には、内村選手が母親に花束を投げた瞬間の写真が大きく載っていた。

> 夫婦で始めた体操教室が内村選手の原点。一番近くで見守ってきた息子は高校進学と同時に親元を離れた。たまに電話があると、うれしくて舞い上がる。「切るまい、切るまいと話題を考える」。親であり、熱烈なファンでもある。
>
> 「一番の声を出して、一番の応援をする」。そんな母の思いを受けて、日本のエースは結果を残した。
>
> 「試合でじかに受けてパワーが出た。本当に感謝の気持ちでいっぱいです」。母を思う、優しい表情だった。表彰式で受け取った花束は、スタンドにいる母へ投げ渡した（『朝日新聞』二〇一二年八月二日夕刊）。

最初に写真だけをみたときに、内村選手は恋人に花束を投げているのだと思った。ところが、記事を読んでいくと母親に投げていることがわかって、ミョーな違和感を覚えた。かりに内村選手に恋人がいたのなら、彼女はこれをみてどう思うだろうか。まあ、彼がとくにマザコンというわけではなく、そんなに目くじらを立てるようなことではないのかもしれない。でも何か、ひっかかるのだ。

この記事で強調されているのは、母親の息子にたいする無条件の愛情、つまり母性愛であり、息子から母親への感謝の念である。そして彼が金メダルをとれたのは、母親の無条件で献身的で自己犠牲的な母性愛のおかげであるというわけだ。では父親はどこへいったのか。よくわからないのだ。

日本のメディアはつねに、「世間」の空気を先取りして報道をおこなう。メディアにとっては、人々の支持を得る、すなわち購読者や視聴率を得ることが必要だからだ。「世間」が求めているのは、息子にたいする献身的な母性愛であり、その母にたいする息子の感謝の念であり、それが「共通の時間意識」をもつ「世間」の共感を得るとメディアは考える。

すなわち、個人の存在しない「世間」においては、「自分は自分。他人は他人」とは思えず、たとえそれが自分には何の関係もない事柄であっても、「我がこと」のように考える。この「共感の構造」があるために、「世間」はきわめて情緒的・感情的である。「共感」は人間にたいしてだけではなく、「矢ガモ」（ボーガンの矢がささったまま歩いているカモ）や「崖っぷち犬」（崖に登ったはいいが、降りられなくなった犬）のように動物にまで拡大する。

ここには「世間」の空気をメディアが察知し、メディアの報道によってさらに「世間」の空気がつよまるという共犯関係が生まれる。しかも近年では、第6章でのべるように、この関係に、インターネットの「世間」の空気が加わる。「母性愛」と母親への「感謝」という言説は、メディアと「世間」にとって格好のテーマとなったのである。

第6章

親の謝罪は必要か――加害者家族論

なぜ謝る必要があるのか

日本では、自分の子どもが何か不祥事をおこしたような場合に、両親は「世間」にたいして謝罪しなければならない。それをしなければ、家族が村八分的なバッシングを受けることになるからである。

もちろん謝罪しても、バッシングが続く場合もあるが、それでも謝罪しなかった場合と比べれば、「世間」の受けとり方はまったくちがう。あとでのべるように、日本で謝罪はある種の呪力をもつからである。

「世間」は一種の〈共同幻想〉だが、犯罪加害者の家族にたいする場合、「世間」の規模は日本全体に拡大している。その非難は、全国規模で鮮烈なものとなるのだ。ではいったいなぜ、「世間」ではこのような謝罪が必要とされるのか。まずその構造を考えてみよう。

もともと日本では、あらゆる場面で「すみません」という言葉が多用される。ちょっと仕事をお願いするといったように、ふつうに考えて、謝罪の必要がまったくないような場合でも、「すみません」といわなければならない。

榎本博明は、「『すみません』で良好な雰囲気の『場』ができあがると、それを壊すような態度はとりにくくなり、『いえいえ』と言わざるを得ない空気が醸しだされる。そして『いえいえ』と言うことでさらに良好な雰囲気が強化される」という。つまり日本人はお互いに「良好な雰囲気の『場』」を作り出すために、「すみません」を多用するのだという(『「すみません」の国』)。

ところが欧米の場合、謝罪は自分の非を認め、法的責任を認めることになるために、たとえ自分が悪くても絶対に謝らない。たとえばアメリカの保険会社は、自動車の賠償責任保険に加入するドライバーとの契約書に、「事故現場では自分はどう考えるかコメントしない」という条項を盛り込んでいるという。現場で謝罪すれば、一〇〇パーセントの責任を問われかねないからである。

さらに、カリフォルニア州をはじめとする多くの州では、病院で患者が死亡した場合に医師が、患者の家族などに、「手は尽くしたが力が及ばなかった。お気の毒です。アイムソーリー」といっても医療過誤訴訟の証拠にはしないという「アイムソーリー法」を制定している。うっかり「すみません」といっても、医者が責任を問われないようにするためである。

およそ日本では考えられない。これを日本でやったら「角が立つ」ことになるだろう。もう少し榎本を引用しよう。

> 一方、日本人の場合、非を認めることは、その「場」の雰囲気を良好に保つことを意味する。謝罪というものに、責任の追及よりも、面子を立てるという意味合いが大きく伴う日本では、一方が非を認めれば、他方も「まあまあ、そう言わずに」ということで自分にも非があったと表明するなど、思いやりの交流が生じ、「場」の雰囲気が良くなる（同書、三八〜三九頁）。

謝罪は、「場」の雰囲気、つまり人間関係を円滑にするための、いわば潤滑油になっていることがわかる。だからそれは、法的責任を認めるかどうかとは、まったく関係ない事柄である。それゆえ、「場」の空気を良好に保つために、謝罪されたら、その謝罪を受け入れなければならないという空気＝同調圧力が生じる。

この点で興味深いことがある。〇三年におきた「熊本県元ハンセン病患者宿泊拒否事件」である。熊本県が国立療養所の元ハンセン病患者を、熊本の黒川温泉に招待しようとしたところ、ホテル側から「他の客に迷惑がかかる」ことを理由として宿泊を拒否された、というものである。そのために、熊本県は記者会見でホテル名を公表し、旅館業法違反容疑でホテルを告発した。

公表後、ホテルの総支配人が療養所に出向き宿泊拒否を謝罪したが、それが「個人の謝罪」だとして本社の責任を明確にしなかったために、入所者側が謝罪を拒否した。ところがそれがマスコミで報道されるや、療養所へのバッシングがおきた。

当時の新聞がこう伝えている。

> 入所者側は謝罪文の受け取りを拒否。この場面がテレビのニュースで放映されると、その後三日間にわたり全国から百本以上の電話がかかってきた。
> 「ほとんどが批判、中傷でした。『ごう慢だ』『裁判に勝ったって（〇一年に、「らい予防

法」が患者への差別を助長してきたとして国を訴えた国家賠償請求訴訟に勝訴したこと—引用者注）社会は受け入れてない』などで、年配の人が多かった」

電話が一段落すると、手紙が届くようになった。こちらも中傷の方が多い。「これはひどかった」と太田さん（入所者自治会長—引用者注）がいう。はがきの中央に、変形した顔の写真をはり付けたはがきがあった。「人々に嫌悪され、国が差別していたのを謝罪したのをたてにとりいい気になっているが、中央の写真を見よ。これが他の人間と同様か」

その他の手紙にも、入所者らの気持ちを刺すような言葉が並ぶ。「調子に乗らないの」「謝罪されたら、おとなしくひっこめ」「私たちは温泉に行く暇もなくお金もありません。国の税金で生活してきたあなたたちが、権利だけ主張しないでください」——。差出人は名前が書いてあるものもあるが、「善良な一国民」「女性代表」など、匿名も目立つ（『東京新聞』二〇〇三年一二月五日）。

私がさっぱりわからないのは、日本には匿名でこうしたバッシングを熱心にする人たちが、かなり大勢いるらしいという事実である。いったいどういう情念があれば、こんなことができるのか。暇なのか？　たぶん暇なのだ。現在ではインターネットがあるため、ますますこうしたバッシングが手軽におきるようになっている。

「世間」はウチとソトをはっきりと区別し、ソトの人間を「あかの他人」として差別し排除する。「世間」には「共通の時間意識」があるために、多様な個人が存在せず、すこしでも規格をはずれ、「ふつう」でない人間を差別し、排除する傾向がつよい。障害者や病人にたいする差別は、「世間」のソトの人間として排除するところから発生する。元ハンセン病患者へのバッシングの根底には、こうした「世間」に内在する差別と排除の構造があった。

また、「世間」には「共通の時間意識」に由来する「人間平等主義」があるために、ちょっとでも自分よりいい生活をしている人間をみると、「なんであいつだけが」となる、じとじとした「ねたみ」の構造がある。これは日本独特の「ねたみ」であるといってよい。「私たちは温泉に行く暇もなくお金もありません」という投書のセリフが、この構造を端的に示している。「自分は自分。他人は他人」と思えないのだ。

とくに権利という言葉は、明治時代に英語のrightを翻訳してできた言葉である。とうぜん江戸時代に権利という概念はなかった。英語の辞書をひくとわかるが、rightには

「権利」という意味のほかに「正しい」という意味がある。つまり少なくとも英語圏では、権利をもつことは正しいということになる。

しかし、「世間」のなかでは個人がいないために、個人の権利も存在しない。「権利だけ主張しないでください」というセリフでは、権利が悪い意味でつかわれていて、権利＝正しいという本来の意味がどこかにふっとんでいる。いまでも、英語圏でつかわれている意味での権利は存在しないのだ。

さらに、謝罪を受け入れなかったことがバッシングの理由になったのは、榎本のいうように、それが「世間」での「場」の良好な空気を壊すことになるからである。「世間」は、「場」の空気を壊されることをもっとも嫌う。「世間」はつねに、「ＫＹ」（空気を読め）と人々を強迫している。

それだけではない。謝罪がくり返されると、「世間」に「呪術性」というルールがあるために、謝罪が「おまじない」のような意味をもち、神主が祝詞《のりと》を唱えるように、言葉が呪力をもつようになる。

すなわち、日本では伝統的に言葉は「言霊《ことだま》」とよばれ、言葉が一種の霊力をもつとされ、発せられる言葉の内容通りの状態を実現する力があると考えられてきた。つまり、言葉がたんなるコミニュケーションの手段以上の意味をもっている。祝詞のように謝罪が何度もくりかえされると、それが宗教的な力をもち、謝罪を受け入れなければならなくなる空気が生じる。日本人はじつは信心深い。呪力をもった言葉には、みんな従わなければならないという同調圧力が生じるのである。

この意味では、日本の「土下座」は謝罪の最終兵器であるということができる。土下座された場合に、それを受け入れなければならないという、最大限の同調圧力が生じる。相手にひれ伏すという形態が、何か宗教的力をもつように思えるのは、「世間」の「呪術性」というルールに縛られているからである。

強いられる「世間」への謝罪

さて、犯罪加害者の家族の問題に戻ろう。子どもの不祥事について、親が「世間」に謝罪する。すでに第2章でのべたように、歴史的にみてすでに大正時代に、こうした謝罪のあり方が生まれているが、現在にも続いている。

有地は、一九七〇年代におきた「連合赤軍事件」を例にとり、三人の兄弟のうち、二人が逮捕され、一人はリンチ殺人の犠牲となった父親の責任のとり方について、つぎのようにのべている。

昭和四十七年に起った連合赤軍のリンチ事件でのＫ三兄弟に関する報道は、日本国中の同じような年頃の子をもつ親に衝撃を与えた。わが子の遺体の発掘現場に駆けつけた元教員の父親Ｍさん（五十一歳）のみぞれに濡れながら、悄然とした姿がテレビに映し出されたが、その画像を世の親は複雑な、なんともやりきれない気持ちで見つめた。

このＫ三兄弟の父親Ｍさんは三十二年間も教壇に立ち、多くの子どもを社会に送り出した教育者であったために、「死んでしまえ」、「お前は殺人者の教育をしたのか」などと親の責任を追及する過酷な手紙が殺到したといわれる。

当時の新聞によると、連合赤軍のリンチ事件で殺された京浜安保共闘和光大生の長男（二十二歳）の父親Ｍさんはその遺体を確認した後、自宅に帰って、「自分は教育者である前に親であるべきでした」と語ったと伝えている。二男三男は浅間山荘事件でつかまっており、ついで長男の遺体を確認、その加害者の中に、二男三男も加わっていたことがわかり、三十二年間勤めた教職の座を去った（『日本の親子二百年』二〇八～二〇九頁）。

この父親は子どもが犯罪をおかしたために、「世間」から「親の責任」を追及され、教員の仕事をやめざるをえなかった。有地は、「なんといっても、成年になった子の行動について親の責任を問う社会の姿勢は、大正末の子の不始末について、親がいかに責任をとるかが論じられたときとあまり変わってはいない」と指摘する（同書、二一三頁）。

また、一九八八年から八九年に東京と埼玉でおきた、四人の幼女が誘拐され殺害されるという「連続幼女誘拐殺害事件」では、逮捕・起訴されたM元死刑囚の父親が、公判がはじまって四年後の九四年に多摩川の橋の上から身を投じて自殺した。この父親はある意味、自殺という究極の謝罪を「世間」にたいして示したことになる。

こうした親の責任のとり方は、大正時代以降、現在にいたるまでほとんど変わっていない。「家」制度が廃止された戦後になっても、犯罪をおかした個人のみならず、「いえ」全体に拡大してゆく。「世間」が求めているのは、近代刑法の基本原理である個人責任・自己責任ではなく、江戸時代の連座責任・縁座責任と同様の、「いえ」にまで拡大された集団責任である。

子どもがおこした犯罪や不始末に、法的責任がどうであろうと、親がすぐさま「世間」

に謝罪しなければならないのは、「いえ」が内面化されているからである。これは、〈共同幻想〉たる「世間」の非難にたいして、〈対幻想〉たる家族が「愛情原理」によって、子どもを守ることができないことを意味する。

この点で私が驚いたのは、九五年に沖縄で少女暴行事件がおき、その犯人として逮捕・起訴されたアメリカ海兵隊員の母親が、沖縄にやってきて、堂々顔を出して記者会見をおこない、子どもは日本の警察の罠にかかったと主張したことである。

アメリカでは、たとえ子どもが犯罪をおかしたようなときでも、家族は子どもを守るのがあたり前だと考えられている。〈対幻想〉たる家族の「愛情原理」でもって、〈共同幻想〉たる社会に対決できるのだ。

鈴木伸元が、アメリカであった興味深い事例を紹介している。

> 1998年にアーカンソー州の高校で銃乱射事件が起きた際、高校のキャンパス内で発生したという事件の重大性に鑑み、マスコミは加害少年の実名や写真を報道した。
>
> このとき、加害少年の母親に対してアメリカ社会がどのように反応したのか、ジャーナリストの下村健一が驚くべきリポートをしている。

実名が報道されたことで、母親のもとにはアメリカ全土から手紙や電話が殺到した。手紙は段ボール2箱に及ぶ数だった。だが、その中身は、本書でこれまで見てきたような日本社会の反応とはまったく異なっていた。加害少年の家族を激励するものばかりだったのだ。

ＴＢＳの「ニュース23」で放映されたリポートでは、少年の母親が実名で取材に応じ、顔を隠すことなく登場した。下村が、受け取った手紙の内容を何かと訊くと、母親は「全部励ましです」と答えたのだ。

下村は自身のブログでその手紙の内容をいくつか紹介している。

「いまあなたの息子さんは一番大切なときなのだから、頻繁に面会に行ってあげてね」「その子のケアに気を取られすぎて、つらい思いをしている兄弟への目配りが手薄にならないように」「日曜の教会に集まって、村中であなたたち家族の為に祈っています」等々。

下村は、アメリカでの取材生活の中で「最大の衝撃」を受けたという（『加害者家族』一八一〜一八二頁）。

こうしたとき、日本だったら家族はただちに記者会見を開き、「世間」にひたすら謝罪しなければならないところである。もちろん実名ではなく、顔にモザイクをかけて、声も変えてということになるだろう。いったいぜんたい、このちがいは何なのか。アメリカの家族が、子どもを守るのは当然だと考えているのは、そこに社会と対決しうる近代家族が形成されてきた歴史があるからである。

しかし日本の場合、歴史的に、近代家族は成立しないままに「解体」されてしまったために、家族の「愛情原理」が希薄であり、容易に「世間」の介入をまねいてしまう。「世間」の、「いえ」全体で責任をとれという圧力に抗する原理を、日本の家族はもっていないのだ。

ネット上でのバッシング

最近でも、「世間」とメディアが一体となって加害者家族を非難し、当然のように、家族がメディアに向かって謝罪させられる。とくに、九八年以降保守化への逆転が生じ、「世間」が前景にせりだして以降、加害者家族に謝罪を要求するメディアスクラムが、以前と比較してもひどくなっているように思える。

それを辺見庸も、つぎのように批判している。

> 日常というものの実態はどうやら世間である。そう確信するにいたる出来事が次々に起きています。［略］また、JR岡山駅で一八歳の少年が居合わせた乗客を線路に突き落とす事件があり、事件後に謝罪記者会見にのぞんだ容疑者の父親がジーパン姿であったことがインターネット上で責めたてられました。私は唖然とせざるをえない。あまりにも馬鹿げた誹謗はいうまでもなく、あんなふうに容疑者の家族が申し開きをする必要があるのでしょうか。これは誰がさせていることなのか。世間の声を受けたマスコミが家族にやらせている。世間に強いられて家族がやらされている。これはこの国に特有な現象です。若い記者たちが当然のことのように容疑者の家族の記者会見を聞いている。したり顔で聞いている。私は危惧を禁じえません（『愛と痛み』五九〜六〇頁）。

○八年におきたこの事件の謝罪記者会見で、父親は紺のジャンパーにジーパン、運動靴姿だったらしいが、事件翌日に大阪から岡山にかけつけて謝罪した父親を、服装が悪いと非難することに何か意味があるとも思えない。インターネットの普及によって、「世間」の反応が、大規模かつほとんどリアルタイムであらわれるようになった。その結果、加害者家族にたいして、ネット上でのバッシングが日常的におこなわれるようになった。

〇二年に福岡市でおきた「子猫虐殺事件」では、それがきわめて極端なかたちであらわれた。この事件は福岡市の男性（27）が、自分のアパートの一室で、拾ってきた子猫の耳やしっぽをはさみで切ったり、首をひもで縛るなどして殺し、その様子を写した写真をインターネットの「2ちゃんねる」掲示板に載せたのがはじまりだった。

その後、掲示板をみた人の通報で、福岡県警は動物愛護法違反の疑いで男性を取り調べ、その後福岡地検に書類送検した。動物愛護法違反事件は、任意捜査で略式起訴――罰金になるのが通例なのだが、この男性はきわめて異例なことに、強制捜査によって逮捕された上に、正式起訴されたのである。なぜか。

男性の書類送検が新聞などで報道されると、ネット上のサイトで「書類送検では甘すぎる」「猫がかわいそう」などという声があがった。男性を起訴させるための運動がおこり、署名用紙や嘆願書のサンプルがサイトに置かれ、検察庁にそれが殺到したからである。サイトの掲示板への書き込みは、一日平均二五〇〇～三〇〇〇件にのぼったという。またテレビのワイドショーでも取り上げられて、動物虐待の残忍さなどが大きく報道され、全国的に注目が集まった。

警察も検察も「世間」の一員である。最終的に強制捜査に踏み切り男性を起訴したのは、メディアと一体になった、男性の厳罰をのぞむ「世間」の空気を無視すれば、今度は「世間」の非難が自分たちのほうに向くことを恐れたためである。警察も検察もまた「世間」をもっとも恐れており、逆らうことなどできないのだ。

この事件で二〇〇二年一〇月、求刑懲役六月にたいして、懲役六月執行猶予三年の判決だった。当時の新聞は、つぎのように伝えている（実名記載を変更して引用）。

> 掲示板上でＭ被告は「次はどこを切る」などと、閲覧者と異様なやりとりをしながら虐待を続けた。冨田敦史裁判官は「ネットの掲示板という無責任な仮想空間で、悪意を互いに増幅させながら虐殺を実行した悪質な犯行。動物愛護への反感から面白がって行った」と述べた。〔略〕
>
> 福岡地検には８月末までに厳重処罰を求める上申書が３０００通以上届くなど、ネットを通じ動物愛護グループの反感が増幅した。公判でも、傍聴人が抱いた猫の「遺影」

> の持ち込みが認められないと、周りから「どうして」の声。〔略〕裁判所前では「有罪」の垂れ幕を出す人もいた。〔略〕
>
> 　事件はネット上でのM被告に対する度が過ぎたプライバシーの侵害も問題となった。○○県内の実家の住所がネットで公開され、実家には夜中に2〜3分おきに電話がかかったり、周辺で中傷ビラがはられた。「今、社会への恐れが支配している」と法廷で語ったM被告は、判決にも青白い顔で無表情だった（『毎日新聞』二〇〇二年一〇月二一日夕刊）。

被告は「社会への恐れ」といっているが、ここは正確には「世間への恐れ」と言いなおすべきだろう。それにしても驚くべきなのは、インターネット上で男性の実家の住所、父親の本名、電話番号、勤務先名などが公開され、実家に嫌がらせの電話がかかり、周辺に中傷ビラがはられたことである。男性の父親は学校に勤務していたが、そこにも抗議の電話が殺到したらしい。

　事件の八年後に地元を訪れて取材した鈴木が、こう書いている。

インターネットの掲示板には、「いま学校に電話したよ。父親が電話口に出てきて話をした」といった記述もある。電話口での父親の対応の様子が詳しく書き込まれ、その文面を読んだ別の人間が、さらに父親への非難の言葉を書きつらねるという流れができていった。

筆者は父親の自宅があった地域を歩いたが、互いに顔を見知った者同士が住み続けてきたような中国地方の小さな田舎町であった。

そこで暮らす中年の主婦に話を聞いたところ、当時、「教育関係者なのに父親としてどんなつもりなんだ」という趣旨の電話が学校に次々とかかっていたという。地元の保護者からの抗議電話もあったが、直接は関係のない第三者や匿名の人物からの嫌がらせに近い電話も少なくなかった。

自宅付近を訪ねると、普段はほとんど人通りがない入り組んだ路地が続いていた。見知らぬ人はほとんど立ち入らないような路地だが、当時はマスコミや見物人がごったがえしていたという。主婦は思い出すのも嫌そうだった。その頃地元を覆っていた不気味な空気を「圧力」という言葉で表現した（同書、一一九頁）。

「空気」というのは、まさに「世間」の空気のことであろう。圧力としての空気にはだれも逆らえない。そうでなければ、山本七平のいう「抗空気罪」に問われることになる(『「空気」の研究』一四頁)。「圧力」は、嵐のようにだまって通りすぎてゆくのを待つしかないのだ。

「世間」には、プライバシー権をはじめとする人権という概念が存在しない。ネットで形成される人的関係も「世間」のひとつにすぎないから、そこでは権利も人権も存在しない。空気はあらゆる権利に優先される。ネット上の個人情報の公表は、あきらかに人権侵害なのだが、そんなことは「屁理屈」にすぎないのだ。

また二〇歳をすぎている大人である息子の犯罪に、父親が責任をとらなければならないとは到底思えない。男性のおかした犯罪の責任は男性個人が負うべきものであって、家族が負う必要はない。しかし、「世間」には「共通の時間意識」があるために、親と子の関係は、個人と個人の関係にはならずに死ぬまで続く。そのため、親はいつまでも子どもの不始末の責任を負わなければならないことになるのだ。

このとき「ネット世間」では、個人の責任の追及のみならず、男性の「いえ」全体の責任追及がおこなわれている。どう考えてもここには、法的なものではないが、「ネット世間」にも「いえ」制度がしぶとくのこっているとしか思えないのだ。

第7章

忘却は除夜の鐘とともに——年中行事論

バレンタインデーの謎

日本の家族には、年中行事がきわめて多い。

たとえばバレンタインデーである。これはもともと、聖バレンタインが殉教した二月一四日に、西欧で恋人や夫婦間でカードの交換や贈り物をしたという、キリスト教の習慣にもとづくものだった。しかし一説では日本では、一九五九年にメリーチョコレートが、「女性から男性に愛を告白しよう」とキャンペーンを開始したところから始まったようだ。つまり、チョコレートの販売促進をねらった、お菓子会社の陰謀であったことはまちがいない。

さらに六〇～七〇年代には、女性誌の特集などにより、女性が男性にチョコを贈って告白する「本命チョコ」が普及した。八〇年代には「義理チョコ」が広まり、二〇〇〇年代に入ると、高級輸入チョコなどを自分のために買う「自分チョコ」、同性の友だちにプレゼントする「友チョコ」、男性が女性に贈る「逆チョコ」が登場した。

しかも驚くべきことに、バレンタインシーズンのチョコの売り上げは、八〇年代初めの三〇〇億円から、〇五年には五三〇億円に拡大しているという。バレンタインデーは、フメツなのである。

その「友チョコ」が小学生の間で過熱し、親が困惑しているらしい。

東京都内に住む自営業女性（45）の小学6年の次女は昨年、女子15人に手作りの「友チョコ」を贈った。学校には持ち込まないルールだったが、教室内で交換。親が厳しい友達には学校では渡さず、わざわざ自宅まで届けていた。

女性は「女子同士で交換する友チョコは、もらえるかもらえないかで人間関係が見えてしまう。誕生会に呼ぶ呼ばないと似ており、子どもの中にも葛藤が生まれるのでは。このイベント、どうなんだろうと思う」と話す。

ベネッセコーポレーションの教育情報サイトには、数年前から友チョコをめぐる母親の書き込みが目立つようになった。「バレンタインがゆううつ。お返しも大変」「作業的にも、金銭的にもけっこう負担」といった声だ（『朝日新聞』二〇一二年二月五日）。

もともとバレンタインデーに贈り物をするという、キリスト教の習慣が日本で広まったのは、「世間」に「贈与・互酬の関係」というルールがあり、物を贈ることによって人間関係を円滑にしているからである。だから、お菓子会社の陰謀であったにせよ、当初の「女性から男性に愛を告白」という趣旨をはずれて、どんどん拡大解釈されてゆき、「義理チョコ」や「友チョコ」や「逆チョコ」にまで広がっていったのは、ある意味当然の成りゆきであった。

バレンタインデーと対になっている三月一四日のホワイトデーも、じつはお菓子会社の陰謀で、その日に贈るとされる白いマシュマロは、福岡市の石村萬盛堂という老舗のお菓子屋さんが発案し、それにチョコレート会社が便乗して、白いチョコを売り出したということである（『現代家庭の年中行事』）。

これも、なぜこれほど全国に広まったのかといえば、「お返し」がひじょうに重要だからだ。お菓子会社の「お返しには白いマシュマロ」という宣伝が「世間」に受け入れられやすかったからである。すなわち、「贈与・互酬の関係」にあっては、お中元やお歳暮のように、モノを受け取った場合に、心理的負担を負わせられることになり、その負担から解放されるために、早期の「お返し」をしようとする。

バレンタインデーにチョコを受け取ることは、一種の「義理」を負うことになるから、その「義理」を果たすために、バレンタインデーかホワイトデーか他の機会に「お返し」をする。これが、心理的バランスを元に戻すことになるのである。ここで、バレンタインデーが「ゆううつ」「お返しも大変」「負担」と母親がもらしているのは、この心理的負担の重さのことを示している。

この「友チョコ」の習慣がとりわけ近年になって、子どもの間にも広がっていったのは、第3章でのべたように、一九九〇年代ぐらいから子どもが「小さな大人」として扱われ、子どもの世界の「プチ世間」化が生じ、大人の「世間」にあるものと同じルールに縛られるようになったことがある。

つまり、個人の存在しない「共通の時間意識」に支配されるようになったために、子ども同士が、お互い「気をつかう」ような生活をしなければならなくなっている。小学生の頃から、自分が誕生会によばれれば、相手もよばないといけないという「お返し」のルールに縛られるようになる。クラス全員の友達をよぶわけにはゆかないから、だれを選ぶかでさまざまな人間関係のあつれきや葛藤が生じる。

日本の家族は「世間」に侵食されており、これに対抗する原理をもたない。大人の「世間」に子どもがまきこまれ、子どもの「プチ世間」に大人がまきこまれて困惑するだけなのである。

「このイベント、どうなんだろう」とじつはみんなが思っているにちがいないのだが、お中元・お歳暮をやめられないように、「世間」では「贈与・互酬の関係」が守らなければならない絶対のルールとなっているために、バレンタインデーというイベントもやめられない。

贈り物をいらないといったら、「角が立つ」ことになる。受け取るのは義務なのだ。もらいっぱなしで「お返し」をしなければ、自分の人格的評価が下がり、仲間ウチの「世間」から排除されるのではないかという、「存在論的不安」におちいることになるからである。

とくに、九八年以降、新自由主義の台頭によって、「世間」が拒絶反応をおこした結果、保守化への逆転現象がおこった。「世間」の抑圧性がつよまっているいま、バレンタインデーへの同調圧力がますますつよまっているように思える。つまり日本の家族は、ますます「世間」のルールに縛られるようになっているといえる。

死者もペットも「世間」の一員

日本の家族の年中行事を考えると、正月、七草、節分、ひな祭り、お彼岸、花見、端午の節句、七夕、土用の丑の日、お盆、月見、冬至、大晦日などは伝統的なものだが、バレンタインデーやクリスマスはキリスト教にもとづくものであって、西欧から輸入されたものである。つまり面白いことに、ここでは日本に伝統的なものと西欧のものが、喧嘩もせずに混在している。

第1章で簡単にふれたように、家のなかをみると、仏壇と神棚が並んでいたり、一二月二四日のクリスマスイブにクリスマスケーキを食べたりする。その家族が、元旦にはそろって初詣に出かける。つまり仏教と神道とキリスト教が、相互に矛盾もせずに混在している。この無節操さはいったい何なのか。

さらに節分の「恵方巻き」にみられるように、一部の地方の習慣が、まったく新しく年中行事として全国展開することがよくある。いったいどうしてなのか。

　年中行事が盛んなのは、「世間」に「呪術性」というルールがあるからである。日本には、迷信・俗心のたぐいがやたらに多く、友引の日には葬式を出さないし、大安の日に結婚式が集中する。また丙午の年には子どもの出生率が有意に低下する。これらの「世間」の暗黙のルールが几帳面に守られていて、この意味で日本人はきわめて信心深いといってよい。

　しかし、よーく考えてみると、神社に初詣に行き、バレンタインデーにチョコを贈り、お盆に里帰りして先祖の墓参りをし、クリスマスイブにケーキを食べるというのは何かおかしくないか。みんながみんな、神道信者であったり、仏教徒であったり、キリスト教信者というわけではないだろう。でなければその都度、こうした宗教の非常勤信者になっているのか。たぶん、そんなことはない。

　このように日本では、さまざまな宗教がぐちゃぐちゃに混在し、一見きわめていいかげんで無節操であり、それゆえ自分を無宗教と思っている人も多い。だから本当のところは、日本人が信心深いとも思えないのだ。

　この矛盾はいったい何なのか。阿満利麿は、この謎を解くためには、宗教を「創唱宗教」と「自然宗教」とに分けて考える必要があるという。そして、この二つをつぎのように説明する。

「創唱宗教」とは、特定の人物が特定の教義を唱えてそれを信じる人たちがいる宗教のことである。教祖と教典、それに教団の三者によって成り立っている宗教といいかえてよい。代表的な例は、キリスト教や仏教、イスラム教であり、いわゆる新興宗教もその類に属する。これに対して「自然宗教」とは、文字通り、いつ、だれによって始められたかも分からない、自然発生的な宗教のことであり、「創唱宗教」のような教祖や教典、教団をもたない。「自然宗教」というと、しばしば大自然を信仰対象とする宗教と誤解されがちだが、そうではない。あくまでも「創唱宗教」に比べての用語であり、その発生が自然的で特定の教祖によるものではないということである。あくまでも自然に発生し、無意識に先祖たちによって受け継がれ、今に続いてきた宗教のことである（『日本人はなぜ無宗教なのか』一一頁）。

阿満によれば、日本人には、こうしたはっきりとした「創唱宗教」をもっているものは少ない。

しかし、これにたいしてヨーロッパやアメリカなどの西欧諸国では、宗派はいろいろあるだろうが、基本的にはキリスト教徒が多数派であり、少数のイスラム教徒、仏教徒などがいる。いずれにしてもこれらは、ひとりの神をいただく一神教であるという点で共通性をもっている。一神教であるがゆえに、他の宗教を邪教として排除する傾向がつよい。

問題なのは、日本人が信仰している「自然宗教」で、阿満は、正月に初詣に行ったり、お盆に先祖の墓参りに行ったりするのは、「無宗教」なのではなく、「自然宗教」の信者だからなのだという。

では「自然宗教」とはなにか。ご先祖を大切にする気持ちや村の鎮守にたいする敬虔な心が、そうなのである。そこでは、人は死ねば、一定期間子孫の祭祀を受けることでご先祖になることが信じられているし、そのご先祖は、やがて村の神様ともなり、ときには孫子ともなって生まれ変わることもできる。あるいは、人は死んでも遠くへはゆかず、近くの山に住み、子孫やゆかりの人びとを草葉の陰から見ているのであり、盆や正月に子孫を訪ねることもできる、と信じられているのだ。お盆に帰省するのも、もともとこうした先祖たちと交歓するためなのである（同書、一五頁）。

これは田舎の話であって、自分は先祖の墓参りなどゆかない、という人がいるかもしれない。しかしそういう人でも、スピリチュアルなものや占いや前世を信じてはいないだろうか。何かおきたときに、「苦しいときの神頼み」をしないだろうか。

この場合の神とは、「創唱宗教」におけるような特定の神ではない。しかも神があちこちに点在するという意味で多神教である。「自然宗教」はもともときわめて古い時代のアニミズムに由来するものであって、歴史的には神道の成立や、仏教やキリスト教の日本への輸入に先立っている。これが「世間」の「呪術性」の原型となっているのである。

前にのべたように、ヨーロッパでは一一、二世紀に、こうした「自然宗教」のような邪教のたぐいは、一神教としてのキリスト教の支配によって一掃された。つまり西欧社会の基本原理は「創唱宗教」であり、日本の「世間」の基本原理は「自然宗教」である。

日本人は「創唱宗教」という点では「無宗教」であるといってよいが、「自然宗教」の観点からいえば熱心な信者なのだ。信者であるがゆえに、コンビニが「恵方巻き」をしかけると、あっという間に全国で大ヒットする。これがいいかげんで無節操にみえるのは、

「創唱宗教」だけが宗教だと思っているからである。

人が死んだ場合に、キリスト教では死ねば死にきりで、現世に戻ってくることはないが、「自然宗教」においては死者は近くにいて、お盆や正月に気軽に戻ってくる。社会には死者は含まれていないが、日本の「世間」には死者が含まれているのだ。

そしてじつは死者以外にも、「世間」に含まれているものがある。新聞でこれにまつわる面白い記事をみつけた。


東京都の弁護士、錦織淳さん（63）は、愛犬の「ロー」が今年1月に死んだことを知らせる「喪中はがき」を作り、11月、知人に発送した。愛犬の写真に「戦友であった」という文章を添え、かけがえのない存在であったことを示した上で、「年始のご挨拶は失礼させていただきます」と締めている。

錦織さんは「若干恥ずかしいという思いもあったが、一緒に暮らしてきた自分たち夫婦の思いを込めた」と話す。友人らから「気持ちが分かる」「お慰め申し上げます」といった手紙やメールが寄せられ、「非難する内容は1人だけ。会った人とも必ず話題になる。いろんな手紙を出したことがあるが、こんなに反応があったのは初めて」という

（『読売新聞』二〇〇八年一二月一六日）。

年賀状の印刷会社には、けっこうこのペットがらみの「喪中はがき」の注文があるらしい。いうまでもなく「喪中欠礼」のはがきは、身近な人が死去し喪中でケガレているから年賀状は失礼しますという意味で出すものである。年中行事としての年賀状も、「世間」の「呪術性」にもとづいているが、年賀状のやりとり自体は、メールの送信・返信と同じで、「贈与・互酬の関係」にもとづいている。

問題なのは、ここでその「喪中欠礼」という習慣が、愛犬にまで拡大されている点である。年賀状をやりとりする範囲が、その人の「世間」の範囲であるといってもいいが、これに犬が入っていることになる。人間と犬を同格にあつかっているわけだから、馬鹿にするなと思った人もいるかもしれない。しかしじつは「世間」は、その「自然宗教」性がゆえに、人間だけではなく、死者や動物や森羅万象のあらゆる生き物たちから構成されているのである。

これにたいして西欧流の社会は、人間のみから構成されている。つまり人間中心主義である。これは、「創唱宗教」としてのキリスト教が、人間と動物をはっきりと区別しているからである。

しかし「世間」は人間中心主義をとらない。人間と動物との間に、西欧社会におけるほどはっきりとした区別がない。日本で年中行事として、「うなぎ供養」や「魚供養」がおこなわれるのはそのためである。これは西欧社会ではまったく考えられない。

近代家族は、もちろん社会の人間中心主義を前提としているから、原理的に家族の構成員に犬や猫は含まれない。だから西欧の家族における犬などのペットとの関係は、しつけも厳しいし、わが子のように扱うということにもならないし、人間との間では「支配―服従」の関係になる。

しかし、「世間」に深く侵食されている日本の家族においては、人間と区別されずに、距離のとれないべたべたの関係のなかで育てられる。日本では、犬や猫も家族の一員であると考える人が多い。これは比喩でもなんでもない。ほんとうに家族だと思っているのだ。その構成員のなかにペットなどの動物も含まれるのである。この「喪中はがき」は、そうした背景から生まれたものと考えられる。

一年ポッキリの時間意識

日本の「世間」の時間意識は、キリスト教にもとづく西欧社会のそれとはまったく異なっている。

阿部謹也は、以下のようにいう。

日本には二つの暦があります。公的な暦と民間暦です。前者は政府が定めたもので、延喜式から始まり、現在では国民の祝日として定められています。元日から始まり、成人の日、建国記念の日、春分の日、みどりの日、憲法記念日、こどもの日、海の日、敬老の日、秋分の日、体育の日、文化の日、勤労感謝の日、天皇誕生日となっているのです。

それに対して「世間」の暦ともいうべきものには正月、七草、節分、ひな祭り、彼岸、花見、端午の節句、七夕、土用の丑の日、お盆、月見、冬至、大晦日などがあります。建国記念の日と天皇誕生日は過去の特定の日を想起して祝うものですが、その他の日は成立事情を別にすれば、過去の特定の日とは結びついていません。いわば民間の行事なのです。

いずれも円環的時間の中にあり、一年に一度繰り返されるのです。西欧の暦のクリスマスや復活祭などのように遠い過去から現在まで繰り返し祝われてきてはいても、直線的時間の表現であるのと根本的に異なっています。「世間」の生活はこの暦によっておくられ、人々の意識の中でも一年を単位とする生活の繰り返しとして意識されています

(『近代化と世間』一五六〜一五七頁)。

ここで阿部はきわめて重要なことを指摘している。正月からはじまり大晦日に終わる「世間」の年中行事は、一年で完結するといっているのだ。そして、この「世間」の時間を「円環的時間」とし、西欧社会の時間を「直線的時間」と名づける。

正月とクリスマスと、いったい何がちがうのか。日本の正月は毎年くり返される。しかし、西欧のクリスマスはキリストの誕生を祝うもので、たしかに毎年くり返されるが、そのなかにキリスト生誕以降の、二〇〇〇余年の時間が直線的に流れている。正月には、こうした歴史的時間の流れが内在していない。一年ポッキリなのである。

内田芳明は、日本の年中行事が「歴史的事件を忘却し、その拘束から解放されること、

非歴史化、無歴史化を志向するもの」だとして、つぎのように続ける。

日本の年中行事として、例えば正月祭は、年末の「忘年会」などの行事とセットに観念されていることは象徴的です。といいますのは、苦難・禍・不幸のみちみちている生の場所、すなわち歴史的時間の中での具体的出来事を忘却し、そこから逃れること、「歴史」を抹消すること、そして新しい年ごとに新生（原型）に復帰すること、再び春の到来として宇宙的循環を迎えることが、年中行事の根本動機にほかならないからです。十二月三十一日と一月一日の間には、時の流れ、季節の流れにおいて何の変化はなく連続しているわけですが、しかし、日本人はその間に強いて主観的に、あたかも決定的変化が存在するかの如く、「明けましておめでとう」（謹賀新年）という挨拶を言い合うのです。まだ冬の真っ只中なのに「新春」の祝いとして正月を迎えます。正月祭りは「迎春」の喜びです（『ヴェーバー　歴史の意味をめぐる闘争』一六五頁）。

たしかに内田のいうように、年中行事としての大晦日と元日との間には決定的断絶がある。一二月には忘年会を開いて、いいことも悪いことも、みんなまとめて集団で一年の歴史を忘却する。そして一二月三一日には、除夜の鐘が鳴り、ぜんぶチャラにした上で、一月には「謹賀新年」といって新しい年を家族で祝う。

歴史は一年ごとに円環してくり返される。それは歴史が継続しないということでもある。これは私も、毎年の年中行事のなかで、何気なくくり返してきたことなのだが、いったん気になると、かなり薄気味の悪いことをやっていると思えてくる。

これにたいして、西欧社会を流れる時間は阿部のいう「直線的時間」であって、一年で歴史が断絶することはない。「個人の時間意識」が存在するために、その個人がつねに神と対峙しており、神との関係に時間の流れが規定されるからである。つまり歴史を考える場合に、二〇〇〇余年のスパンで考えることができるような意識をもっている。この意識は、ヨーロッパでは八〇〇年ほど前に、神に自分の「内面」を告白するキリスト教の告解の制度をつうじて形成されたものである。

ところが日本の「世間」においては「共通の時間意識」があり、個人が存在しないために、西欧にあるような直線的な歴史意識が生まれなかった。日本人は神と対峙するのではなく、あくまでも「世間」との関係において生きてきた。そのため年中行事に象徴されるような、「円環的時間」の流れに身をゆだねてきたのである。

問題なのは、「円環的時間」しかない「世間」においては、一年をこえて、歴史を長期的な視点から見通すことがきわめて困難な事柄となる点である。

津波がなぜ「想定外」だったのか

こうした「円環的時間」の歴史意識において、具体的にどういう問題が生じるか。たとえば二〇一一年の東日本大震災のさいに、今回の地震が、八六九年に三陸沖でおきた貞観地震の再来であることが指摘された。内陸の深部にたっするような巨大な津波が押しよせた貞観地震の存在が震災前からわかっていたにもかかわらず、国も東京電力もこれを無視し、有効な対策もとらなかった。その理由を東電は、地震による津波が「想定外」だったからだと説明した。

もちろん「想定」しなかったこと自体が怠慢にすぎないのだから、「想定外」は言い逃れにすぎない。しかしこれは、それだけでは済まないきわめて根の深い問題であって、「世間」に住む大多数の日本人にとって、約一一四〇年前の歴史的事実など、そもそも「想定外」の事柄ではなかったか。

つまり「円環的時間」の流れのなかに生活するかぎり、一年をこえて歴史的想像力をはたらかせるのはきわめて難しい。その年の歴史は、除夜の鐘の音とともにただちに没却されるからである。

この点で私がガクゼンとしたのは、原発を稼働してゆく上で最大の難点である、高レベル放射性廃棄物の最終処分場の確保の問題である。日本ではその候補地すら決まっていない。ところが、北欧のフィンランドでは現在、オンカロという最終処分場を岩盤をくり抜いてつくっている最中である。完成するのは二二世紀で、五〇〇メートルの地下深くに一〇〇年分の廃棄物が保管され、以後入り口が完全に封鎖されて一〇万年間埋没処理されるという。

なんと一〇万年である。一〇万年後に人類が存在しているかどうかすらアヤシイのだが、おそらくこうした気の遠くなるような時間意識は、「直線的時間」の発想がなければ生まれない。日本では、到底生まれない発想なのである。

阿部は「円環的時間」においては、「時間は『今』しかない」という（『近代化と世間』一五八頁）。おそらく年中行事を毎年くり返す日本の家族にとって、歴史的時間というものは存在せず、「今」が一番大事であり、この「今」という時間を拡大しても一年以上広がることはない。

阿部はいう。

いわば「世間」には歴史がないのである。欧米のキリスト教徒は計り知れない時間の果てに最後の審判を期待しているから、それまでの時間を計ろうとしてきた。フィオーレのヨアヒムなどの試み（一二～三世紀に歴史を父と子と精霊の三つの時代区分に分けて考えたという壮大な試み——引用者注）がそれである。こうして歴史哲学が始まる萌芽が生まれたのである。

ところで、「世間」にとって歴史はどのようなものなのだろうか。それはあらかじめ計算できるものではなく、突然襲いかかってくる台風や嵐などのように受け身で体験する事件でしかなく、歴史的事件に見舞われても、しばしの間耐え忍んでいれば通り過ぎてしまうものと感じられている（同書、一〇二頁）。

「世間」には神と対峙する個人が存在しない。問題なのは、それゆえ、自分にふりかかってくる歴史的事件が、主体的にかかわってゆけるものとしてではなく、あたかも台風などの自然現象のようにしかとらえられなくなることである。
「直線的時間」のもとにおいては、歴史は自分がつくるものであり、それを変えることができるものだと考える。「社会変革」という言葉は、社会は変えることができるという人々の意識を意味する。ところが、「世間変革」という言葉は存在しない。このことは、「円環的時間」のなかでは、「世間」は所与のものとして、自分では変えることができないものととらえられていることを示している。

それは、中世ヨーロッパの人びとが、世界を、家族など自分の身の回りをさす小宇宙と、山や海などその外側にある大宇宙に分け、大宇宙には神々や諸霊がいて、小宇宙における人間の幸・不幸を左右すると考えていたこととよく似ている。家族にふりかかってくる病気や作物の不作や戦争や災害などは、自分ではどうしようもないものと考えていたのだ。

日本語の「しかたがない」という言葉が、それをよくあらわしている。東日本大震災のさいに、取材のために被災地に入った外国人記者が驚いたのは、外国では珍しくない略奪や暴動がおきることもなく、被災した人々がきわめて秩序だって行動し、とくに感情をあらわにすることなく、忍耐づよく避難所で生活を送っていたことだ。これが世界中のメディアから称賛された。

先にのべたように、この秩序だった行動が可能なのは、法の秩序が崩壊しても、「世間」のルールが人々を縛っているからだ。それだけでなく、さらに記者たちを驚かせたのが、避難所にロクに物資も送られない状況に、被災者たちは政府を声高に非難することもなく、みな一様に呪文のような「しかたがない」という言葉を口にして、耐えていたことである。

地震はたしかに「天災」だから「しかたがない」のかもしれない。しかし地震後の政府の初動対応の遅れや、これまでの原発政策の誤りは明らかに「人災」である。にもかかわらず、人々が「しかたがない」と責任追及を諦めてしまうのは、自分におきている事態を、どこか大宇宙からやってくる、どうしようもないものだと考えているからである。

では私たちは、家族にさまざまな不幸や厄災がおそってきたとき、どうするだろうか。いずれにせよ、それが何らかの歴史的事件に起因するものであったとしても、状況に主体的にかかわるのではなく、「しかたがない」と、あたかも自然現象をやりすごすように黙って通りすぎるのを待つことになるだろう。それは、家族におきる不幸や厄災を大宇宙からやってきたものと考えた、中世ヨーロッパの人びとの反応と、あまりかわらない。

さて、私が物心ついてモノを書き始めたここ四〇年ぐらいのことを考えても、「世間」

は解体・消滅することなく、しぶとく生きのこっている。とくに九〇年代後半の新自由主義の台頭によって、競争的環境が生まれ、「世間」が解体し、個人が生まれるかとも思われたが、みてきたように、逆に「世間」の抑圧性がつよまっただけであった。

そうすると、今後「世間」がなくなることがあるのかを考えてみると、おそらくほとんど期待できそうにない。とくに日本の場合、西欧で「世間」を解体し、個人が生まれる背景になったキリスト教の支配を経験していない。それにかわる大きな変化が、今後おきるかといえば、たぶんない。

たしかに今後時代の変化と共に、これまでもそうであったように、たとえば、お中元やお歳暮の習慣やさまざまな年中行事などが徐々に衰退してゆくことはあるかもしれない。しかし「世間」は、そうした現象面では意匠を変えてゆくことがあるかもしれないが、その根本にある構造自体を、そう簡単に変えることはないと考えている。

「世間」がさしあたり変わらないとすれば、「世間」とどう向き合えばいいのだろうか。私は、まず「世間」をよく「みる」必要があると思う。つまり、自分の周りの「世間」がどのようになっているのかというその構造をみきわめる、ということである。本書で示した「世間」のルールを頭に入れておけば、それがどのように成り立っているか、おおよそわかるはずだ。

とくに家族のなかに「いえ」意識として、「世間」がどのように介入しているかが理解できれば、何が問題なのかがみえてくるはずだ。その上で必要なことは、「世間」のいい面、悪い面をきちんと腑分けすることである。

そのさいに、西欧の近代家族と対比して考えることが重要である。そのことによって自分の家族を対象化し、客観的にみることができるからだ。そして「しかたがない」とつぶやかなければならないようなときには、その前に、立ち止まって考えてみることである。

ここで大事なのは、家族をめぐる困難な問題で孤立したり、周りから非難されたりしたときに、ゼッタイに「自分が悪い」とは考えないことである。そういうと「自己チュー」とかなんとか批判されそうだが、気にすることはない。日本の大問題はたいがい「世間」に発しているから、それは「世間が悪い」にきまっているのだ。

おわりに

家族について書くのは難しい。自分のことだからである。これまで日本の恋愛や結婚のことをばくぜんと考えてきて（そして自分でやってみてきて）、なんかぜんぶちがうなあといつも思ってきたのだが、うまく言葉にできなかった。おそらくこのぜんぶちがうという思いは、日本の「世間」や「いえ」や家族や恋愛にたいする、私の根底的な違和から生まれているのだと思う。これまで考えてきた世間論を「導きの糸」にして、やっとすこし言葉にできたのが本書である。

「家族の現在」ということでいえば、日本では一九七五年以降の家族の「解体」によって、家族の「個人化」がどんどん進んできたといわれる。しかし、これは西欧でいう家族の「個人化」とはまったく異なり、個人が不在のままに家族が「個々バラバラ」になったというしかない。日本には、individualたる個人など存在していないからである。

本書で示したように、日本の家族は、近代家族として成立しないままに、「世間」によって「解体」されたのであって、戦前の「家」制度はなくなったが、戦後もそして今も、「世間」の出先機関としての「いえ」の意識はしぶとくのこっている。ようするに、日本の家族が近代を通過しないままに「解体」してしまったことが、「家族の現在」におけるさまざまな問題の噴出の根底にあると思えるのだ。

*

本書に何度も登場する家族法の有地亨先生は、私の大学院時代の恩師であり、先生とはミョーに波長が合ったというか、公私ともにほんとうにお世話になった。一九八〇年代初めというきわめて早い時期に、アリエスやバダンテールやショーターを大学院の授業で取り上げられ、当時こうした名前すら知らないアホな学生だった私にとって、目からウロコの体験となった。

この体験がなければ、本書を書くこともなかったと思う。残念ながら先生は〇六年に他界された。生前に本書をお目にかけられなかったことが悔やまれるが、遅ればせながらここでお礼を申し上げたい。

最後に、こうして言葉にできたのは、春秋社の篠田里香さんのおかげである。篠田さんから以前より執筆を依頼されていたのだが、ずっと書こうと思っていたテーマだったにもかかわらず、なかなか着手することができなかった。この難しいテーマに挑戦できたのは、篠田さんの「叱咤激励」のおかげである。記して感謝したい。

二〇一三年冬

佐藤直樹

引用・参考文献

第1章

M・モース『社会学と人類学1』有地亨ほか訳、弘文堂、一九七三年
阿部謹也「公衆衛生観念の根底にあるもの」『阿部謹也著作集6』筑摩書房、二〇〇〇年
中根千枝『タテ社会の人間関係』講談社現代新書、一九六七年
鴻上尚史『「空気」と「世間」』講談社現代新書、二〇〇九年
阿部謹也「世間と差別」阿部謹也編著『世間学への招待』青弓社、二〇〇二年
木村敏『人と人との間』弘文堂、一九七二年
E・フッサール『ヨーロッパ諸学の危機と超越論的現象学』細谷恒夫ほか訳、中央公論社、一九七四年

第2章

阿部謹也「西洋中世の愛と人格」『阿部謹也著作集6』筑摩書房、二〇〇〇年
山田昌弘『結婚の社会学』丸善ライブラリー、一九九六年
P・アリエス『〈子供〉の誕生』杉山光信ほか訳、みすず書房、一九八一年
W・J・オング『声の文化と文字の文化』桜井直文ほか訳、藤原書店、一九九一年
E・ショーター『近代家族の形成』田中俊宏ほか訳、昭和堂、一九八七年
E・バダンテール『プラス・ラブ』鈴木晶訳、サンリオ、一九八一年
G・ヘーゲル『法の哲学』藤野渉ほか訳、中央公論社、一九七一年

落合恵美子『近代家族の曲がり角』角川書店、二〇〇〇年
有地亨／植木とみ子『日本の家族』海鳥社、二〇〇八年
柳父章『翻訳語成立事情』岩波新書、一九八二年
村上信彦『近代日本の恋愛観』理論社、一九七四年
有地亨『日本の親子二百年』新潮選書、一九八六年
芹沢俊介『「オウム現象」の解読』筑摩書房、一九九六年
山田昌弘／白河桃子『「婚活」時代』ディスカヴァー携書、二〇〇八年
桜井陽子／桜井厚『幻想する家族』弘文堂、一九八七年

第3章

山崎哲「解説」森毅『学校ファシズムを蹴っとばせ』講談社文庫、一九八九年
馬場宏二「過剰効率社会というとらえ方」『社会科学研究』四〇巻六号、一九八九年
飯田経夫「日本は『経済大国・政治小国』か」梅原猛編著『日本とは何なのか』ＮＨＫブックス、一九九〇年
小沢雅子『新「階層消費」の時代』日本経済新聞社、一九八五年
Ｎ・ポストマン『子どもはもういない』小柴一訳、新樹社、二〇〇一年
土井隆義『「個性」を煽られる子どもたち』岩波ブックレット、二〇〇四年
山田昌弘『希望格差社会』筑摩書房、二〇〇四年
Ｊ・ヤング『排除型社会』青木秀男ほか訳、洛北出版、二〇〇七年

NHK放送文化研究所『現代日本人の意識構造〔第七版〕』NHKブックス、二〇一〇年

第4章

佐伯順子『「愛」と「性」の文化史』角川選書、二〇〇八年
渡辺京二『逝きし世の面影』平凡社ライブラリー、二〇〇五年
今枝法之「『世間学』再考（後編）」『松山大学論集』二〇巻四号、二〇〇八年
佐伯順子「パリで考えた日本の『愛』」『朝日新聞』二〇一一年二月一五日
キム・ミョンガン『男に大人なんていない⁉』集英社be文庫、二〇〇六年
香山リカ『若者の法則』岩波新書、二〇〇二年
浅野智彦『趣味縁からはじまる社会参加』岩波書店、二〇一一年
M・フーコー『知への意思』渡辺守章訳、新潮社、一九八六年
北原みのり『アンアンのセックスできれいになれた？』朝日新聞社、二〇一一年

第5章

小宮信夫「日本の低犯罪率にかんする文化的研究」『イギリス犯罪学雑誌』三九巻三号、一九九九年
（Nobuo Komiya, A Cultural Study of the Low Crime Rate in Japan, British Journal of Criminology 39(3), 1999）
『平成二四年版　犯罪白書』法務省法務総合研究所、二〇一二年
深澤真紀「彼の母の遺骨で作った婚約指輪」「結婚未満」『朝日新聞』二〇一一年五月二八日
大日向雅美『母性愛神話の罠』日本評論社、二〇〇〇年

香山リカ『親子という病』講談社現代新書、二〇〇八年
信田さよ子『さよなら、お母さん』春秋社、二〇一一年
阿部謹也「逆光のなかの中世」『阿部謹也著作集４』筑摩書房、二〇〇〇年
稲村博『自殺学』東京大学出版会、一九七七年
香山リカ『ニッポン　母の肖像』ＮＨＫ知る楽テキスト、二〇一〇年
中谷瑾子『子殺し・親殺しの背景』有斐閣新書、一九八二年
川﨑二三彦ほか『「親子心中」に関する研究（１）』子どもの虹情報研修センター、二〇一二年

第6章

榎本博明『「すみません」の国』日経プレミアシリーズ、二〇一二年
鈴木伸元『加害者家族』幻冬舎新書、二〇一〇年
辺見庸『愛と痛み』毎日新聞社、二〇〇八年
山本七平『「空気」の研究』文藝春秋、一九七七年

第7章

井上忠司／サントリー不易流行研究所『現代家庭の年中行事』講談社新書、一九九三年
阿満利麿『日本人はなぜ無宗教なのか』ちくま新書、一九九六年
阿部謹也『近代化と世間』朝日新書、二〇〇六年
内田芳明『ヴェーバー　歴史の意味をめぐる闘争』岩波書店、二〇〇〇年

著者略歴

佐藤直樹（さとう・なおき）
1951 年、宮城県生まれ。九州工業大学大学院教授。九州大学大学院博士課程修了。専攻は刑事法学、世間学、現象学。1999 年「日本世間学会」創立時に、初代代表幹事として参画。
著書に『「世間」の現象学』『増補版 大人の〈責任〉、子どもの〈責任〉』『〈責任〉のゆくえ』『刑法 39 条はもういらない』（以上、青弓社）、『世間の目』（光文社）、『暴走する「世間」』（バジリコ）、『暴走する「世間」で生きのびるためのお作法』（講談社＋α新書）、『なぜ日本人はとりあえず謝るのか』（PHP 新書）、『同調圧力――日本社会はなぜ息苦しいのか』（共著、講談社現代新書）などがある。

なぜ日本人は世間と寝たがるのか――空気を読む家族

2013 年 4 月 20 日　初　版第 1 刷発行
2020 年 11 月 10 日　新装版第 1 刷発行

著者©＝佐藤直樹
発行者＝神田　明
発行所＝株式会社 春秋社
〒 101-0021　東京都千代田区外神田 2-18-6
電話（03）3255-9611（営業）・（03）3255-9614（編集）
振替　00180-6-24861
https://www.shunjusha.co.jp/
印刷所＝株式会社 シナノ
製本所＝ナショナル製本協同組合
装　幀＝鎌内　文

ISBN 978-4-393-33384-6　C0036
定価はカバー等に表示してあります